전망 2014

한쪽으로 보는 세상

김경식 외

국립중앙도서관 출판예정도서목록(CIP)

한쪽으로 보는 세상 / 지은이: 김경식 외.
-- 서울 : 다시올, 2014
p. ; cm. -- (다시올작가회 · 전망
; 3집)

ISBN 978-89-94414-57-7 03810 : ₩9000

한국 현대 문학[韓國現代文學]

810.82-KDC5
895.708-DDC21 CIP2014036769

전망 2014

詩

한쪽으로 보는 세상

김경식 외

다시올

전망 3집 『한쪽으로 보는 세상』 펴는 글

문학의 역할을 고민 할 때

참으로 무기력한 한 해였습니다.

300이 넘는 생명을 찬 바다에 묻고 봄은 그냥 시들했습니다.

태풍이 이 땅을 비켜갔고 가을 들판은 넉넉했지만 사람들의 얼굴에는 좀체 미소가 돌아오지 않고 있습니다.

이 비극이 어느 한 사람의 잘못이 아니라, 정신계과 물질계 사이의 균형 감각을 상실한 채 오로지 물질적 풍요를 이루기 위해 '빨리빨리' 앞으로만 내달려 온 「나」 또 「우리」 모두의 책임인 것을 우리가 알고 있는 까닭입니다.

불구不具의 시대!

이제 정신과 물질의 균형을 회복하기 위해 무엇을 할 것인가 고민해야 할 때입니다. 문학과 예술이 어떻게 결핍된 정신세계를 채울 수 있을지 걱정해야 할 때입니다.

다시 겨울입니다.

겸허하게 뒤를 돌아보는 계절입니다.

모지母誌 《다시올문학》의 지속적인 신인 발굴로 우리 〈다시올작가회〉도 양적 팽창을 거듭하여 벌써 쉰 분이 넘는 시인, 작가들을 모시게 되었습니다.

그러나 그에 걸맞은 질적 성장을 함께 이루었는지 자문해 보면 부끄럽기 그지없습니다. 자주 만나서 서로 배우고 또 시대를 고민해 보아야 함에도 불구하고 제 역량이 부족하여 그 자리를 제대로 마련하지 못하고 내년을 기약하게 되었습니다.

지난 한 해 치열하게 싸워 얻은 노작勞作을 모아 동인지 『전망』 3집을 펴냅니다.

우리의 문학이 불구의 시대를 살아가는 모든 이의 시름을 다스릴 수는 없겠지만 다만 한 사람에게라도 위안이 되고 기쁨이 될 수 있다면 고맙겠습니다.

2014. 12.

다시올작가회 회장 김경식

■차례

시

전망동인

시

수필

소설

다시올

고창수 김동호 배인환 김두환

김기산 유희봉 송희복 김 석

황경식 이영식

마경덕 나석중 윤준경 고경숙

권미자 김성수 안갑선 송연주

김경곤 김영은

길 · 2

고 창 수

칼을 갈듯
길을 닦는 사람도 있다.
길은 시공을 뚫고 가는
사람의 피가 묻은 태반胎盤이다.
대낮에 막혀버린 길은
사람의 꿈속에서 목놓아 운다.
참혹한 살육 후에
길은 파열되고
캄캄한 어둠을 각혈한다.
그러나 낯선 마을의 마루에 놓아두려고
켜진 촛불 하나 손에 들고
밤길 10리를 가는 사람도 있다.
영겁이 찰나 속에 비쳐오듯
칠흑의 어둠 속에 비쳐오는
길도 있다.

고 창 수
1966년 《시문학》 등단, 시문학상, 시인들이 뽑는 시인상,
시집 『파편을 줍는 노래』외 6권,
영역시선집 『한국대표 100인영역시선집』 외 다수,
kochangsoo@hanmail.net

사랑아

김 동 호

사랑 너무 고답적으로 생각지 마라
각자 처지에 따라 사랑의 뜻 달라진다

실연의 아픔을 겪고 있는 아이들은
'눈물의 씨앗' 이라고 말할 것이고
사랑의 두 끈이 닿을 듯 닿을 듯
안달이 난 아이들은
'안달이 반달' 이라고 할 것이다

온종일 의식儀式에 시달려
축복에 시달려
먼 길 신혼여행에 시달려
눈꺼풀이 천근만근인 신부는
'빛보다 따뜻한 어둠 속에서
어서 빨리 잠자는 것' 이라 할 것이다

그러나 배가 고파 배와 등이
맞붙을 지경인 남녀는
'함께 맛있게
밥 먹는 것,이라 할 것이다

김 동 호
1975년 《현대시학》 등단, 군포문인협회 회장 역임, 성균관대학교 명예교수, 성균문학상, 2007년 시인들이 뽑는 시인상 수상, 시집 『꽃』 『피뢰침 숲 속에서』 『老子의 山』 『시산일기』 『五弦琴』 외 5권,
kimdongho66@hanmail.net

공空과 적寂

김 두 환

잎새들 다 떨어졌구나

나뭇가지들 찬바람에 떨어도
자양 자조하고 있구나

배경과 후렴들 둘러앉아
그림자를 거둬들이고 있구나

취醉한 늦은불 길게 엎드려
과부하를 손보고 있구나

어느새 어둠 밀물 가만히 들어와서
샅샅이 들추다 긁어내다
귓속 가슴속 피멍까지 쓸어가는구나

사방은 보이지 않고
넋두리도 없는 깜깜한 휘휘한
공간 공空이구나
공은 조용한 적寂이요
적은 그윽한 선정禪定이요
선정은 욕심 버린 무아無我요
무아는 베푸는 봉놋방 아니겠는가

마지막엔 내남없이 빈 손으로 가서
적멸寂滅에 든다는데, 그리도 살살
아유구용했던가 막 경탈했던가, 참
애哀 애애한 인생살이 ! ?

하늘 직성直星들 하나 둘 떨어진다
뒷날 다시 그 별 하나 둘 뜬다

– 초겨울 늦은밤, 종각 뒷거리를 지나가면서

김 두 환

《조선문학》 등단 성균관대학교 약대졸업, 서울신문 문화부 기자, 성균관문학상 수상. 시집 『읊는 가락에 영그는 그리움』 『가을비 박람회』 외 6권, 시선집 『무지개 머금은 들국화』 외 1권

씨눈

배 인 환

씨 중에서도 가장 핵인 씨눈!
우주의 비밀이 저장된 메모리칩이다.
씨눈을 풀어낼 컴은 어디에 있나

씨눈은 씨눈이므로
새는 이가 없어
새의 위장에서 소화되지 않는다

이 작은 사건이 지구의 멸망을 막는다.
하나님은 이것을 계산했을 것이다
지구가 없는 하나님은 존재의 의미가 없다
농장이 없는 농부는 술만 퍼마실 것이다

씨눈과 새는
명령에 따른다

배 인 환

1940년 충남 금산출생, 성균관대학교 영문과 졸업1984년 《현대시학》으로 데뷔, 저서 김구용평전 『완화초당의 그리움』, 시집 『외눈 안경알』 『가장 밝은 시간』 외 4권, 영역 시선집 『Poems of In-Hwan Bac』 수필집 『아버지의 원두막과 어머니의 유품』 『부처님 마음』 외 3권

나

김 기 산

오늘도 나를 써간다
한 번 짚은 발자국 지우지 못하고
돌아서지 못하는 삶의 운행
이미 때 묻은 책갈피 속은 주름 골 깊다
채색에 매달린 시간들 곳곳이 얼룩져 있고
비워지지 않아 놓쳤던 시간들이
남긴 것 아슬아슬한 중독들이다

성글어가는 2부 목차를 쓴다
또 하루가 무겁게 쌓이는 나의 문양
내 안에서 살아 숨 쉰 영혼
너무나 너덜너덜하다
흔들리는 발자국 소리
다시 내딛는 삶에도 이미 힘을 잃었다

어차피 나는 '나'의 저자일 수밖에 없으니
그들은 나를 어떻게 읽어줄까
한 생애는 대차대조표도 없다
느슨한 페이지 마다 나를 보고 있는 나

혼잣말, 생은 복잡하지 않아야 했는데

김 기 산

월간 《문예사조》 등단, 서울 서문여중 교장 역임, 도서출판 한터 대표, 시집 『노을을 베끼다』, kh4263@hanmail.net

겨울 홍시

유 희 봉

숨을 다한 갈잎들이 서걱거리고
산山 감나무 숲 아래 홀로 걷다가
나뭇잎 쌓인 하얀 눈덩이 속
홈 패인 빨간 열매를 보았네.

무서리가 발등을 시려 올 때면
쓸쓸한 골짜기 몸부림친 줄기에
일부러 남겨놓던 까치밥 하나둘
그 열매가 속으로 익어갔네.

하얀 산에 붉은 꽃 필 때쯤
인적 없는 산골짜기 등불 하나
길 잃은 산새에게 빛이 되어
허기진 새 한 마리가 쪼아 먹으리

손 시려 오는 적막한 골짜기에
산새들 날아들던 산 감나무 아래
때로는 한숨짓던 내 어린 날
바라던 꿈은 어디에 두고 왔던가.

별들이 그 창문을 내던지고
눈물로 겨울 하늘을 적실 때
어떤 불멸의 손과 눈이 부드럽게
곱기도 한 얼굴을 만들었을까.

유희봉

1993년 《현대시》 등단, 현대시회 동인회장 역임, 시집 『여명(黎明)에의 來日』 『녹슨 안경을 닦으며』 『언어의 꽃』 외. 산문집 『행복한 샘물』 시 창작집 『시를 써야 미래를 쓴다』, 호서대학 평생교육원 외래 교수, ssammull@naver.com

긴린코金鱗湖에서

송 희 복

연못가가 단풍으로 타는 것은
여인이 외로움을 타는 것이다.

낮모를 젊은 기모노 여인은
물가를 따라 걸어가고 있었다.

시월 상달의 풀 짚신은
발걸음마다, 외따로이
추색秋色을 남기고 있었다.

눈 덮인 산 아래의 긴린코는
가을빛으로 소슬하게
물이 들었다.

마음마저 단풍처럼 물이 들어
달뜬 여인은 몇이나 될까.

저 물이 든 단풍은
외로움을 타는 여심女心일까.

조붓한 긴린코는
지금 여기에
단풍으로 타고 있다.

송희복

1990년 《조선일보》 신춘문예 문학평론 당선, 1995년 《서울신문》 신춘문예 영화평론 당선, 저서로 『영화, 뮤즈의 언어』 외. 시집 『저물녘에 기우는 먼 빛』. 현재 진주교육대학교 국어교육과 교수 hbsong@cue.ac.kr

하얀 목화밭, 어머니

김 석

초등학교 시절 코 흘기게 우리들은
등굣길 오갈 때면 가을 목화밭 있었다
푸른 빛 다래 한둘 따서 씹어보았던 몰래 그 맛
마른 목구멍 달랬던 목숨 줄기 맛을 잊지 못한다

허리 굽혀 목화를 따시던 어머니
목화 꽃처럼 하얀 어머니 귀밑머리
겨울밤이면 호롱불 돋아 잡고
씨를 발라내시고 물레질하시던 어머니
저 아프리카에서 아메리카로 목화밭 터진 손발
주린 배 베틀에 묶으셨던 어머니, 우리 어머니
가을 목화 따시며 흑인영가처럼 어머니의 느린 노래

지금은 면이라 비싸다는
면 내복을 입을 때면 서리 뽀얗던 목화밭
어머니의 무명 물레와 달캉달캉 베틀 위서
혼자만의 낮은 어머니의 베틀노래 잊지 못한다
어느새 귀밑머리부터 목화 올올 된 내 머리카락
누이와 다듬이질 그 사랑 소리 맑아 잊지 못한다
몰래 입에 넣고 오가며 맛을 보았던 목화밭 길
달콤했던 청 다래 그 맛을 차마 잊지 못한다

김 석
1978년 《현대문학》 등단, 1995년 기독교문학상, 제 21회 크리스찬 문학상 받음, 시집 『우슬초로 씻으소서』 외 7권,
chungwankey@hanmail.net

붕어빵

황 경 식

힘없이 풀어진 몸을 달아오른 틀에, 조금씩 밀어 넣는다. 녹슨 기억이 천천히 녹아 흐르는 붉은팥죽물이여.

세상의 먼 바깥을 헤매던 지느러미가 타고 있었다. 번쩍이지 않는 비늘을 익히며 어리석게 부풀어 오르는 쓸쓸한 허리. 간구하는 듯 입을 다물고 눈을 감았고

피하고 싶은 예감과 비린내 나지 않는 열정이, 아가미도 없는 식도를 지나 어둡고 긴 창자 속으로 흘러들었다. 생각이 많은 가시들은 모두 어디로 갔을까. 울음도 몸부림도 아주 잊어버렸다. 출구를 찾는 것은 너무 힘든 일이어서

차라리 불길 뜨거울수록 더욱 뒤척이며, 바삭거리는 머리 껍질부터 그대 입술 속으로 녹아내리리. 바닥을 알 수 없는 어둠속으로 소리 없이 내내 떨어지리.

황 경 식

1994년 1월 《현대시학》으로 등단, 시집 『실은, 누드가 된 유리컵』 hks99a@naver.com

복숭아 생각

이 영 식

농약 치지 않아
벌레 먹고
모양새도 제대로 갖추지 못한
수밀도,

복숭아는 어둠 속에 먹는다지

그래, 사랑 앞엔
한 번쯤 눈멀어도 좋은 거야

이 영 식

2000년 《문학사상》으로 등단. 시집 『공갈빵이 먹고 싶다』, 『희망온도』 등이 있음, lys-poem@hanmail.net

첫니

마 경 덕

아이가 손가락을 깨문다
잇몸에 곧 싹이 돋겠다

바람에도 싹이 트는지
강변 버드나무가 몸을 뒤튼다
바람에 물려 파릇하게 부어오른다

근질근질 치미는 힘,
허공이 치솟는 분수에 가려운 등을 비벼댄다
사방으로 물줄기가 흩어진다

한 잎의 가려운 감정, 그 참을 수 없는
첫니에 깨물린 적이 있다

한라산도 백두산도 첫니의 흔적이 있다

마 경 덕

2003년 《세계일보》 신춘문예 당선, MBC롯데, AK문화아카데미 시 창작 강사로 활동 중이다. 시집 『신발論』 『글러브중독자』가 있다. gulsame@naver.com

개

나 석 중

개만도 못한 사람도 있다고 하지만
사람보다 나은 개도 있다는 말은 얼마나
귀에 벼락을 치는 말인가
운명처럼 머리에 '개'를 달고 있는 것들은 왜
순종밖에 모르는가
개살구, 개망초, 개다래, 개머루, 개똥쑥, 개감초,…
왜 수없이 개가 따라 붙는가
따라붙어 그들이 왜 다 내 식구 같은가
당신은 오동나무여서
잎도 내기 전 풍성한 보랏빛 꽃을 피워서
후각이 발달한 발걸음 당신 앞에 멈추지만
멈추어 뜻밖이라는 듯 당신을 우러러보지만
나는 개오동나무여서
소문 없이
잎 내고 흰 꽃을 피워 잘 난 체하지 않아도
다들 내 앞을 그냥 지나쳐 가지
내가 개오동인 줄도 모르고
나도 어엿한 한 나무인 줄도 모르고

나석중

전북 김제 출생, 2005년 시집 『숨소리』로 작품활동, 시집 『숨소리』 『나는 그대를 쓰네』 『촉감』 『물의 혀』,
stonecenter@naver.com

시간의 등

윤 준 경

내 힘으로 걷지 않았다
인생을 위해 내가
설사 수고한 것이 있다해도 헛수고였을 뿐,
나 인생에게 술 한 잔 사 준 적 없이*
인생은 나를 견뎌주었다
섣달 초 열흘, 어머니 나를 윗목으로 밀어내셨지만
살려달라고 우는 나에게
이내 젖을 물리셨다
전쟁은 나를 버리라고 애원했지만
용케도 나는 버려지지 않았다
한 남자의 등에 나를 업히시던 날
어머니 속으로 우셨다
삶은 언제나 미지수였다
현실의 옆칸은 늘 비어있고
예측할 수 없는 곡조가
인생을 밀고 당겼다
내 힘으로 걸을 새 없이
시간이 나를 업고 달렸다
내일에 대해서는 말해 준 적 없이

* 정호승 시 '인생은 나에게 술 한 잔 사주지 않았다'를 변용

윤준경

1994년 《한맥문학》 신인상, 1995년 교자문원 3회 추천완료, 시집 『나 그래도 꽤 괜찮은 여잡니다』 『새의 습성』 외 1권, june7590@hanmail.net

갸가 갸 같아서!

고 경 숙

할머니는 내 수학여행사진을 보고 말했어
갸가 갸 같아서!
눈 침침한 세상에 자잘 자잘한 계집애들 당연한 거지
우리 애들 유치원 소풍 사진 보고 엄마가 그러더라
고놈이 고놈 같아서!
할머닌 그 눈으로 피난길에 아버질 어찌 찾았대?
새끼는 눈으로 찾는 게 아녀!
긍게!
흐린 눈에 힘을 주고 인파 속으로 뛰어드는 뒷모습
놓치지 않고 따라가다 따라가다 끝내 한 점으로 놓쳤을 때도
가~만 바라보면 훤히 보이는 그거 내 새끼 얼굴
에미는 그런 거여!

고 경 숙

2001년 계간 《시현실》 등단. 제2회 수주문학상 우수상, 다시올문학 편집위원 현)부천문인협회 지부장, 소나무 푸른 도서관 관장, 시집 『모텔 캘리포니아』 『달의 뒤편』 『혈穴을 짚다』

나도 새가 되어

안 갑 선

내 몸은 검정 봉투다
몸 안에는 오물이 가득 들어 있다
몸 위로 새가 하늘을 난다
새에게는 하늘이 길이다
아무 곳이나 내려앉는 곳은 정거장
가시나무나 깎아지른 절벽에서도
불편해하거나 투정부리지 않는다
왁자지껄 날아다니는 데도 하늘은 텅 비어
머물다 간 자리 흔적도 남기지 않고
편히 쉬었다 갈 뿐이다
허수아비처럼 빈 몸이 된다면
새는 내게로 길을 내어
정거장이 될 수 있을 것이다
새가 되어 하늘을 난다
새는 하늘 전체가 길이고 머문 곳이 터다
살면 되고 떠나고 싶을 때 떠나면 된다

안 갑 선

2000년 시집 『그대 가슴밖의 사랑』으로 문단데뷔, 시집 『통화중』 『바지랑대와 손고동 소리』 외 1권. 다시올문학 기획이사. angabsun@hanmail.net

할 수

권 미 자

호미 끝으로 흙의 입을 잔뜩 벌려요
벌린 아가리 사이로 한 줌 씨앗을 집어넣고
입을 꾹 닫아야 해요
그래야 콩 싹이 잘 올라오거든요
차지게 다듬어 놓은 잿빛 논둑
벌어졌다 닫힌 입 자국 논둑에 나란했죠

그녀는 호미의 이빨 자국을 바라보며 눈이 시리다 했고
시린 눈으로 이렇게 말했죠
논둑에 콩을 심는 일은 일도 아니야
일도 아닌 일이 왜 그것뿐이겠어요
땔감을 구하기 위해 먼먼 산골짝
남동생 손을 잡고 헤맨 것도 그렇죠
연둣빛 콩잎이 논둑 위로 나풀거리기 전
그녀는 떠나리라 다짐했죠

모두 지쳐 잠든 초여름 밤
개구리울음이 그녀의 흐느낌도 집어삼켰죠
열심히 울어댔죠. 개구리도 그녀도
희미한 빛이 새어나오는 비닐하우스가 늘어선 골목길
억센 손길이 목덜미를 잡아채는 것 같아도
오로지 동생을 위해서라면 무엇이든지 할 수 있는 그녀

할 수
그것으로 세상이 뒤집혀요
시퍼렇게 날이 선 작두 위에서 춤을 추는 일
그녀만이 할 수 있는 일이 되었어요
작두의 이빨 자국이 발바닥에 나란한 것이나
호미의 이빨 자국이 논둑에 나란한 것이나
세상에 있었으나 곧 묻히는 일이 되고 말지요
그래서 바라보는 눈이 시린 것이죠

권 미 자
2004년 《미네르바》 등단
minary5@naver.com

길고 좁은 방에 대한 보고서

김 성 수

막다른 골목이 나를 가둔다
눌러 담은 어둠의 관棺이라 생각한다
바람도 벽에 부딪혀 날개를 접는다
흐린 시력의 창은 허파 역할 중이다
장판 틈새로 돈벌레가 숨어든다
담배 연기가 먼지로 내려앉는다
묽고 연한 것들에게 창은 항문이다
음지식물은 어둠에 손을 담그고 있다

어느 날은 취기에 흐물거리다 떨어져서
무치無齒의 아가리에 몸이 물렸다
길고 좁은 방에는 가구와 가구 사이에 크레바스가
있다 어둠은 아득한 절벽으로 굳어간다
한낮에도 창은 안개를 물고 있다 이 방에는
모든 아가리들이 무언가 물고 놓지 않는다

음지식물이 어둠을 친친 감고 있다
담배 연기는 구멍을 찾아 유영한다
잠시 촉수를 뻗은 햇빛은 어둠 하나 낚아챈다

막다른 골목에 시동을 거는 소리가 요란하다
어둠을 털어내고 나서면 눈이 아리다
강력한 턱 힘을 가진 아가리에서 벗어난다
비어있는 내 방은 어둠을 소화하고 있을 것이다

김 성 수

2003년 《현대시》 등단, 난시동인회장, 다시올문학 편집위원, 시집 『걸음의 공식』. fm1crow@naver.com

꽃망울

송 연 주

오래 몽우리 져 있더니
십일월 첫날
톡 토도독
작고 여린 잎
수줍어 눈 내리깔고
발갛게 미소 지으며
딸아이 몸에 곱게
피었다

송 연 주
《시와 비평》 등단. 재능시낭송협회 편집국장, 다시올문학 운영이사, 노천명 문학상 詩대상 수상, 낭송시집 CD 『대숲에이는 바람의 설화』, 공저시집 『내가 여전히 그대를 그리워해도 되겠습니까?』

취醉와 체滯

김 경 곤

사료 들어가는 소리가 간간 해진다
닭 차가 들어오고 출하준비로 어수선하다
여기저기 슬픔에 취한 닭 울음소리
수분 가득 비명만 실린 머리에는
긴장한 둑처럼 감정이 갇힌다
백 년만의 저온현상이었단다
지랄 같은 날씨 탓만 하며
딸꾹질하던 한 달간의 사육성적이
떨어지는 깃털 무게에 짓눌린다
자식처럼 키워온 닭들을 보내며
감정의 분기점을 정산한다
명치끝이 답답하다
행여 음식을 거칠게 다루다가 체한 건 아닐까
종일 먹었던 흔적과의 조우에 머리를 써 본다
그래 술에 취했었지
언젠가부터 과음을 한 다음 날 체기가 오던데
아이들과 약속했던 십 년 만의 휴가는
수북해진 폐사 더미 속에 묻혔다
울컥해진 닭 울음
취醉한 것이 아니라 체滯한 것이리라

김 경 곤

《농민문학상》 시부문 우수상, 시산맥, 다시올문학 편집위원, 시산맥상 수상, 시집 『황동부전나비의 비상』,

kyungkonk@hanmail.net

나는 어떤 사람일까

김 영 은

사람들은 이렇게 말하고는 하지
그 사람이 필요한 게 무엇인지도 모르면서 말 한마디로 모든 걸 다 한양 너그러운척하지 이만큼 살아보니까 말이라는 게 때로는 군더더기처럼 쓸모없을 때가 있음을 알게 되었지

마음을 써 준다든지 말로 위로해 준다든지 다 좋은 말이긴 하지 하지만 아무 도움이 되지 않을 때도 있지
그러니까 남에게 좋은 말을 해주려고 애쓰지도 말고
많은 말 귀담아들으려 겸손을 가장할 필요도 없지
그건 살아가면서 터득해야 하는 방법의 차이일 뿐이지

보이는 '나'와 내 안의 '나'는 일치를 소망하지만 그건 완전을 가장한 희망일 뿐 혼자 사는 삶이 아니고 더불어 산다는 핑계로 변장하고 돌아서서 후회하고 다그치며 돌고 도는 인생일 뿐이지

가끔은 푼수 짓도 하고 실수도 잘하고 체념도 잘해야 남들은 좋아하는 법이지
도대체 너는 어떤 사람이냐고 알려고 묻지도 말고 굳이 따지지도 말고 그럴 수도 있지 '그냥 네 멋대로 사세요.' 이렇게 말하고 싶지

사람은 제 잘난 멋이 있어야 사는 게 신명 날 때도 있는 법이지

오늘이 바로 내 멋대로 살며 혼자만의 세계로 실컷 빠져

울고 웃고 싶기도 한 성감대 같은 탱탱한 일상이란 날이지

김 영 은

2003년 《시사문단》 등단, 도서출판 다시올 대표, 다시올문학 발행인, 동인시집 『어떤 초상화의 모티브』

maxim3515@naver.com

전망동인

시

김경식 김란희 김상화 김석신

김영규 나유성 무희봉 박동남

박영원 박성은

박수걸 서영용 송기남 송옥임 신현복

오영록 우애자 우옥자 유형근 이사랑

이운상 이인수 정미경 정지용 조영환

최명실 최창순 최혜영

아지랑이 필 무렵 외 2편

김 경 식

새로 고속도로가 나서 귀향길이 한결 수월해졌지만
굳이 옛길로 돌아서 가고 싶은 때가 있다

목적지보다 한 구간 먼저 문의 인터체인지를 빠져나와
대청 호숫가를 굽이굽이 휘돌면

저만큼, 물 밑으로 가라앉은 국민학교와 면사무소가 얼
비치고 우체국 앞 국밥집 자리 위로 모락모락 뜨거운 김
이 피어오른다

거기서 한 마장쯤 늘그미로 넘어가는 고갯길을 더듬다
지천으로 피었던 진달래 눈에 밟힐 때

문둥이 조심스런 숨소리에도 화들짝 놀라 흔들리는
꽃잎들 사이로
산밭에 홀로 두고 온
어린 누이의 새파란 입술도 언뜻 떠올랐다 사라진다

큰집 제사는 아주 잊어버린 듯이
갖은 해찰을 부리면서 찬찬히
산허리로 난 호수 길을 따라 도는 것은 바야흐로
옛날처럼 봄이 다시 오는 까닭이다

입동立冬 즈음

시리고 아파 병원에 갔더니 잇몸 뼈가 녹아 사라졌다 한다. 어금니 몇 개 뿌리를 잃고 무른 살 위에 망연히 앉아 있다

밥상 가득한 아내의 수고는 이제 쓸모가 없다. 뼈를 이식하고 이를 새로 해 넣을 때까지 차 한 잔의 약속도 저만큼 끼니때를 비켜서 잡아야 한다

나는 지금 허방 위에 서 있는 셈이다
언뜻 균형을 잃거나 한 걸음 잘못 내딛으면 저 깊은 나락으로 떨어질 터

씹을 수 없는 아침,
맹물에 만 한 주걱의 밥을
조심스레 목구멍에 밀어 넣고

생기를 잃어버린 지 오래
우수수 잎이 지는 내 정원의 나무들 곁에 서서

바람 들까 볏짚으로 밑동을 싸고 그의 뿌리 단단히 밟아주는 것이다

농다리*

헤엄칠 생각을 왜 안 했겠는가

세찬 물살 온몸으로 거머당기면
은하처럼 아득해도 저 언덕
한결에 닿을 것을

강변의
넓적
돌
이리 괴
고 저리 받
쳐서 겨
우 한
발짝
씩 나는 나
아가느니

그대가 흘리시는 안타까운 물소리 왜 모르겠는가

앞서 떠난 이들의 가쁜 숨결에
굽이치는 물결을 휘감아 들고

이생 아니면 다음 어느 생이라도
마침내 그대에게 이르리니

그대의 발밑에도 풀쑥
징검돌 하나
솟으리니

* 농다리-충북 진천군 문백면 구곡리, 고려 때 축조되었다는 돌다리. 충청북도유형문화재 제28호.

김 경 식

《다시올문학》 신인상(시) 《스토리문학》 신인상(수필). 다시올문학 작가회 회장, 수상집 『마음에 걸린 풍경 하나』 동인시집 『바람의 화법』 외. sj574@naver.com

공중전화 외 2편

김 란 희

그는 거리 귀퉁이에
웅크리고 서 있다

발길 뜸하고
가랑잎 뒹구는 곳
비 오면 비 맞고
눈보라 견디며
바람은 그의 오래된 친구다

화려했던 모습은 어디로 가고
가로등 불빛 등지고서
바래지는 기억들을
악착같이 붙들고
모서리부터 낡아 간다

그도 잘나간 적이 있었지
합격 소식을 들려주던 이들
소곤거리는 사랑의 언어들을
얘기하던 이들은 모두
어디로 가고

저 노숙자
오늘도 담벼락에 기대어
지는 노을을 바라보며
길 위 모퉁이에서
길이 되어 간다

돌담

태초의 고요함이
숨을 멈추어 버린 공간
윗돌을 이고 하얀 땡볕 아래
졸고 있는 돌담
아랫돌을 거머쥐고 쓰러지지 않는다

파란 이끼는 젊음을 놓아 버린
검버섯이 되어도
탯줄 묻어둔 흙 내음 그리워
상한 마음을 거미줄로 바위 동여매듯
윗돌 아랫돌 고이며
어우러지는 공간

담쟁이의 푸른 숨소리가
어두움을 밝히는 밤
수없는 비바람에 두들겨 맞아
둥그러진 모서리는
나를 버린 내가 되어
곰삭은 기억들을 땅에 묻는다

돌담보다 커져 버린
꿈나무는 우듬지를 흔들며
시간을 이긴 것들은 추억이 된다

반짇고리

여인의 손길에 결이 고운
왕골 반짇고리

이 끝을 당기면 뭉치고
저 끝을 당기면 오그라드는
타래실 하나, 만지작거리는
손끝 마디마디 묻어나는 인연들
지나온 시간 속에
버무려진 희미한 얼굴들이
메아리 없는 반짇고리 속에
엉킨 실 뭉치로 머문다

수많은 언약, 단념하는 지혜를 알기까지
바늘 끝이 무디어 희끗희끗한
머릿속을 긁으며 창밖을 보니
삭정이 뚝뚝 부러지는 나뭇가지에
실 뭉치 같은 까치집 둥지에
석양빛이 물들고 있다

김란희
대구 출생. 《다시올문학》 등단. 〈동안문학회〉 회원
kimnh52@hanmail.net

죽은 영혼 외 2편

김 상 화

나와 당신이 태어나기 전
바람 따라 흐르던 티끌들
죽은 영혼의 눈물이었다지
태곳적부터 떠내려가서
아픔을 부둣가에 정박시키고
조금씩 조금씩 설움을 뱉어내
짠물이 되고 퍼렇게 멍들었다지

넓은 바다
갱년기 화병처럼 폭풍이 일어도
썰물과 밀물이 잡아당겨도
검게 썩어버린 눈물을 닦아낸다

영혼들이 침전되고
세상의 빛이 도달하지 못한 밑바닥
수없이 쌓여 딱딱한 거북 등이 되고
오백 년쯤 화석으로 있다가

삐뚤어진 입을 가진 자본주의 분화구
의인의 영정 앞
수많은 죽은 영혼들이 활화산이 되어
다시 살아나 장례식장의 촛불로
타오른다

빗방울의 잉태

그리움에 지쳤는지
빗방울이 잠시 허공에서 뒷걸음치다
이별의 아픔을 가슴에 품고
하얗게 타서 내린다

땅에 닿자마자
대지의 품에 안겨
회한을 뒤로하고 녹아내린다
가을에서 겨울로 가는 간이역
처녀 총각이 만났다

땅속 깊이 스며든 영혼들
집을 짓는다
침실을 만들고 문을 만들고
지상에서 키운 사랑을 가둔다

겨울 지나면
꽃 피고 열매 맺겠지
깊은 동면에 든 그들도
불러오는 배를 보며
땅이 풀리는 날
해산의 고통을 풀며
대지 위 얼굴을 내밀겠지

가난

죄가 있다면
가진 것 없는 삶 무전유죄
없어서 앞문은 닫혀 있고 뒷문만 열려 있다
조상의 조상 죽어서도
우울증이 심각하다

가난이란 상대성원리
좌익과 우익의 어느 중간쯤
바통을 늦게 받은 주자
이미 결승선, 뒤집기는 어렵다

뒤따르는 자
앞선 자의 뒤꽁무니가 부럽다
부러워서 억울하다
운명이란 이런 것일까
꽁무니만 보여주고 얼굴은 보여 주지 않는다
뒤를 돌아보니
지쳐서 쓰러져 있는 아버지들

가난이란 이런 것일까

너무 많이 가져서
뒤집기 할 수 없는 과체중

몸뚱어리 마다 입만 크고
가슴은 작아져서 산소 부족
혈압상승, 당뇨
그리고 합병증

김 상 화

경북 의성 출생. 《다시올문학》 등단, 활천문학상 최우수상, 한국문인협회 회원.

독한 놈 외 2편

金 錫 信

1950년 12월 깊은 겨울 흥남항
두고 온 두 점 혈육 열두 살 소녀 누나와 처녀 고모
부두에 얼어붙은 황망 비탄 절규 통곡 혼절
떠나가는 배 남으로 가는 큰 배
아스라이 멀어지는 엄마와 할머니 탄 배

발만 동동거리는 엄마와 할머니
'내 딸 저기 있다 내 딸 태워라'
갈매기도 뱃고동도 기막혀 함께 울고
'걱정 마요 며칠 안에 돌아가요' 아버지 위로에
엄마도 할머니도 눈물 훔치며 '참 그렇지' 끄덕였다지

고향 물빛과 사뭇 다른 거제도 하청항
큰 배 토해낸 질긴 목숨
패물 팔아 얻은 허름한 셋집
두고 온 가마솥 밥 자욱한 김 선연한데
귀에 거친 사투리 낯선 피난생활

잠시 머물다 돌아간다 해도 '애는 찾고 봐야지'
엄마와 할머니 날마다 부두에 나가
'우리 애 안 탔소? 우리 애 못 봤소?'
핏발 선 눈 잔뜩 쉰 목소리

혹여 안 보일까 혹여 못 들을까
이 배 저 배 이 사람 저 사람 헤집으며 외쳤지

엄마 딸 우리 누나 할머니 딸 우리 고모
엄마도 할머니도 딸 하나씩 잃었는데
어느 날 예고 없이 엄마 뱃속 들어선 내 생명
딸 찾는 할머닌 허구한 날 털썩 주저앉는데
덜컥 내려앉은 엄마 마음 죄스런 맘

청상과부 할머니 며느리 안 미웠을까
며느리 뱃속 손주는 안 미웠을까
난 엄마 뱃속에서 웅크리고
서러운 엄마 마음에 죄지은 듯 오그리다
할머니 기척에 애꿎은 엄마 배만 걷어찼다네

고요할 날 없는 아귀다툼 피난생활
엄마조차 원치 않았을 내 잉태
허기지고 고단했던 태중 생활
때론 약한 척 때론 두 주먹 불끈 쥐고
지켜야 했던 소중한 생명

세상에 단 하나뿐인 옹근 내 목숨
그걸 지킨 그놈 독한 놈

그 힘든 세상 정말 독한 놈
열두 살 소녀 누나 몫
처녀 고모 몫까지 지킨 놈
그래서 지금도 참 독한 놈

정의와 평화

나 아내 부르나 아낸 못 들은 척
아내 날 찾을 때 나도 못 본 체
나 아내 등지고 아내도 등 돌린 밤
서로의 숨소리
잠 못 이루는 긴 밤

꿈속에서 환한 아내 만났지
손잡고 정답게 노래 불렀어
아내 한 소절 나 한 소절
한때 정의였던 나 그때 평화였던 아내
행복했던 그때로 돌아가고 싶어서…

마지못해 눈떠보니 텅 빈 잠자리
허전한 마음 잎 후드득 눈물 비
얼룩진 베개만 날 마주 보네
버거운 하루 등짐 지고 일어나려다
아내가 얹어준 한숨 무거워 주저앉는 아침

정의가 평화 부르고 평화가 정의 찾는다는
전봇대 덕지덕지한 광고전단
보고도 못 본 척 모르는 척
한때 정의였던 나 그때 평화였던 아내
행복했던 그때로 돌아가야 하는데…

정년을 내다보며

왕의 눈에 들지 못한 궁녀
거들떠도 안 본 책
책, 책, 책, 왜 이리도 많은가

구중궁궐 깊은 서재 한 구석 책장
바래가는 종이 벼랑 위엔
먼지만 쌓이는데

차마 버리지 못했던 책, 책, 책
아까워 겨우 하나씩 버리다가
문득 끝에서 마지막을 내다본 왕
쉴 새 없이 마구 버리다 지쳐버렸네

살아남은 책 안도의 긴 한숨
궁녀 마음자리 총총한 별 하나
언젠가 읽으리라
별만큼 영원한 나의 왕은…

끝이 마지막이 아니기에
끝과 마지막은 다르기에…

金錫信

호는 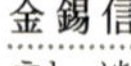淡谷. 《다시올문학 》 등단, 동인시집 『느슨한 저녁』 외, 가톨릭대학교 식품영양학과 교수로 재직 중.

철 지난 바다 외 1편

김 영 규

가을이 물속으로 풍덩
백사장 나는 갈매기 추억을 더듬고
숭어는 반짝이며 은빛수면 위를
오르내리네

붉은 노을 아른거리면
술잔에 가을을 풀고 석양을 담고
사랑도 한 방울 두 방울

한적한 바닷가 쓸쓸한 파도 소리
가을을 노래하고 사랑을 부르며
떠나버린 가을 바다에 낙조 드리우며
백사장의 사각거림을 주워담는다

서산에 걸린 노을 바다에
내려앉으면
가로등 불빛 아래
한 잔의 포도주
사랑이 무르익는다.

독도 사랑

흰 구름 바다로 내려와 축복을 내려주었나
푸른 물에 스치는 바람도 고요하여라
뱃고동 소리에 하늘로 비상하는 바위
흰 구름 등에 업고 서 있다

와!
독도다!
거수경례하는 멋쟁이 수비대
흔드는 태극기는 독도를 뒤 덥고
가슴 찡한 열기 하늘로 뻗친다.

우리의 영원한 땅 독도!
한발 두발 옮기며
가슴에 울컥하는 뜨거운 감정

태극기 물결과 함성에
새들도 날아오르며 환영하고
바위틈 사이로 영원한 메아리
스며든다.

독도는 우리 땅
가슴에 번지는 나라 사랑의 뜨거움
독도를 휘감으며 다시금 부르짖는다.

여기는 대한민국
사랑과 열정이 가득한 곳
천년만년 영원한 우리 조국이라고.

대청봉과 천불동 그리고 울산바위

인산인해의 오색 기다림의 시간이 흐르고
안개와 바람 장막을 친 대청봉
비석에 입맞춤한다

내려오는 길은 단풍의 향기가
이쪽저쪽에서 아침의 햇살에
빛을 발한다.

천당 폭포의 물줄기는
비단 치마폭을 드리우며
천자만홍으로 물들어가는
이곳이 천당인가

흐르는 물은 오련 폭포에 모여
옥빛의 소沼와 담潭을 이루며
금강산 옥녀봉의 맑은 물을
이어받았음인가.

미끈한 바위가 하늘로 치솟고
대청봉과 공룡을 등에 업고
동해의 푸른 물결을 바라보며
청초호에 어리는 속초의 그림자는

아침 햇살에 반짝이며 여명을 열고
안개 사이로 언뜻언뜻 비치는
설악의 향기는 울산바위에 머물고 있다.

김 영 규

전북 정읍 출생, 원광 대 미술과 졸업, 《다시올문학》신인문학상, 캐나다, 체코 프라하 등 해외 전, (현)한국미협 천안지부 자문위원, 천안 상고 교사, 사화집 『산마르코 종소리』, k1953911@hanmail.net

만추晩秋 외 2편

나 유 성

잔치국수 한 그릇이
500원 하던 시절에
만들어진 만추라는 영화를 본다

배경이 34년 전인데도
정동환은 국민 아저씨로 보이고
김혜자는 여전히 국민 어머니로 보인다

지천명知天命이 넘은 나는
영화를 보는 95분간
약관若冠의 청년이 된다

옆에서 곤하게 자는
25년 지기 아내를 바라보며
입지立志로 돌아간 나는
시들해진 뜻을 불끈 세워본다

* 만추-1981년에 만들어진 정동환 김혜자 주연의 영화

윤구월閏九月

달의
빛이 너무 밝아
별의
눈이 너무 많아
바람의
소리가 너무 잦아
벽의
귀가 너무 얇아
속사랑 하는 사람들

스무아흐레 동안만이라도
내 품에서
빗장 풀고
그리움의 덩어리
다 쏟아 내
그 비밀

일백 팔십이 년 동안
자물쇠로
꼭
채워 둘게

질경이

며칠 전
산책을 하다가
큰 발자국 안에
짓눌린 채로 갇혀 있는
아사 직전의 질경이를 보았다

몸을 낮추어
측은하게 바라보는
내 눈빛에
감사라도 하듯
난 괜찮으니 가던 길을 가라고 한다

며칠이 지난
노을 가득한 늦은 오후
그곳에서
건강하고 행복해 보이는
질경이와 만났다

늘
그렇지만
지독한 사랑은
뜨거운 심장에
질경이처럼 아프게 뿌리를 내린다.

아프지 않으면 시가 되던가

아프지 않으면 노래가 되던가

아프지 않으면

어디
사랑이 지어지던가

나유성

경남 진해 출생. 《다시올문학》 신인상, 대중음악 작사, 작곡가. 시를 노래하는 사람들 회장. 경희대학교 사회교육원 교수. 대한노래지도자협회장.

해인사 가는 길 외 2편

文 熙 鳳

소릿길을 따라
해인사에 계신 스님을 뵈오러 갑니다
계곡 물소리, 새소리, 바람 소리
가느다란 빗소리까지
내가 가는 길에 화음을 맞춰 줍니다
엊그제 내린 비가 우렁찬 목소리 내며 흐르는데
이게 소릿길의 품격이며 하늘의 시로 들립니다
소릿길은 양탄자를 깔고 나무 향을 동원하여
내 후각과 촉각을 기쁘게 해 줍니다
첩석대를 지날 때 오랜만에 만난 노각나무도
피톤치드 향을 데리고 나와 인사합니다
오르고 또 오르는 길
계곡 물소리는 더럽혀진 청각을
말끔히 씻어주는데
길섶에 떨어진 상수리 줍느라
다람쥐는 인기척도 몰라 합니다
이곳에 사는 뱀들도 모두 순둥이라 합니다
감나무는 꽃이 진 자리에 시골 아낙처럼
부끄러이 감을 빚어 올리고
오늘같이 부슬부슬 비가 오는 날은
자연도 밀회하기 좋은 날인가
바짝 붙어 떨어질 줄 모릅니다

얼마 전에는 톡톡 터지는 환희의 비밀을 간직한
꽃망울을 터뜨리는 감격도 누렸겠지요
해인사에 가까이 당도하니
스님은 목탁소리를 내려보내 나를 맞습니다
잠시 후 풍경소리까지 등을 떠밀어 보냈는지
어느새 내려와 허리를 굽힙니다
맑고 정숙한 이곳 분위기
마당에 당도하니
대웅전 안에도 빨간 물이 들었습니다
스님 가슴에도 빨간 물이 들었습니다
영원히 내 것일 수 없듯이 어느 것 하나 영원한 게 없다고
풍성하게 누린다고 고마움까지 모르면 안 된다고
낙엽 지는 이 가을 절 마당에
보란 듯이 단풍잎들 붉은 웃음 보여줍니다

그림 그리기

흰 도화지가 차라리 낫다 했더니만
그래도
푸른 도화지가 좋다고
우기는 사람아

누군들
푸른색이 좋은 줄 모르는가
이미 그려진 푸른색보다는
하얀 도화지에
스스로 칠하는 푸른색이
더 좋다 이른 말이었지

거기에는
푸른색뿐이겠는가
하늘색도
푸르스름한 색도
파르스름한 색도
녹음의 빛깔도
내가 골라 칠할 수 있다는 것을

누이

'누이' 라는 이름은 거룩함으로 이루어졌다
'누이' 라는 이름은 성스러움으로 만들어졌다
세상을 지배하는 오빠들을 키워낸 이름이다

으악새 속에서 자란 해바라기는
으악새를 닮기 마련이다

나에게도
키 작은 민들레, 채송화와
키 큰 칸나 같은 강인함과 부드러움이 있었으면

누이
오늘도 부르고 싶은 이름이다

문 희 봉

시인, 수필가, 문학평론가 ,素雲문학상, 대전문학상, 시집 『지천명의 노래』『천리향』 수필집 『아마릴리스』 외 4권 대전문인협회 회장 , mhb0902@nate.com

패션 도심 속 세월이 멈춘 동네 외 2편

박 동 남

시계가 가파른 숫자 언덕을 오르내려도 옛날 그대로
거미줄처럼 엉킨 전깃줄
낮은 기와 낮은 슬레이트 촘촘한 지붕들
한 사람 왕래하면 딱 좋은 좁은 골목
묵은 때 절은 금 간 집에
소외된 상처를 안고 버려진 듯 사는 이들
경쾌했던 발걸음이 세월의 언덕을 넘다 보니 황소걸음
이다

하늘 아래 첫 동네 모방이다
열아홉 정열의 구멍을 불살라 방을 데워주고
골목에 나와 쌓이는 일마저 드문 동네
때, 끓일 것이 없다

홀로 산다는 건 고독과 맞서는 것
꽃들의 행진이 한창인데도
냉골이 사람 덕을 본다
독거노인 집마다 윗목에 쌓이는 약봉지
자식이 있다는 이유만으로
생활보장 대상자도 아닌 그들
한 줌 온정의 손길이 아쉽다

어쩌다 구제단체의 생색내기 사진 촬영이 바람처럼 휩쓸다 가고
선거철이면 생전 못 보던 사람들이 몰려와
화려한 겉포장을 하여
회칠한 무덤을 만들고 간다

산자의 한 평 방은 죽은 자의 세평 묘지만 못하다

달과 바다

앞섶을 풀고 가슴을 여는 바다의
젖가슴이 부드럽다

옷을 벗은 알몸엔 먹을 것이 풍족하다
벗을 때나 입을 때나 노림수가 있거나 말거나
먹고 마시는 일에 분주한 생태계

탐욕의 눈들
몸을 잘 알아야 수고한 대로 거두는 법
뭐든지 타이밍이 있다
옷을 입기 전에 취할 것은 속전속결
사람들의 약탈과 횡포에도
바다는 너그럽다

천개의 달이 내려와 바다의 가슴을 흔들지만
아무 일 없던 것처럼 바람을 몰아 옷을 입는 바다

물의 옷은 잔인할 때가 있다
살아있는 전설의 재앙이
육지 자락을 삼키며 덤벼든다

바다에서 아주 먼 마을 공터
험한 파도를 가르던 어선이 고목에 걸려 정박
안식을 취하고 있다
우거진 팔월 풀숲의 부드러운 노래를 들으며

황혼이 내리는 저녁 숲 풍경

나무들은 황혼이 건네는 겉옷을 입지요
풀도 덩달아 옷을 입네요
조그만 바람결에도 모두 몸 흔들어 웃습니다

어떤 나무는 낮을
어떤 나무는 땅거미 지는 저녁 빛을 흉내 냅니다
날이 갈수록 원색 옷을 즐겨 입습니다
어떤 나무는 입은 옷을 고수합니다

나무는 옷을 벗고 추위와 맞설 것을 선언합니다
벗어 놓은 화려한 옷가지들이
발밑에 쌓입니다

회초리를 들고 달려드는 바람에도
겁 없는 알몸들 체벌을 견디어 내고
밝은 얼굴로 활짝 웃습니다
웃음이 눈부십니다
새들도 곤충들도 인사를 나누기에 좋은
아름다운 풍경입니다

박동남

2008년 《다시올 문학》 등단 , 공저시집 『오월에 내린 눈』 『칸나가 붉게 피는 이유』, 저서 『한국인의 명시 선집』 『불곡산의 미소』, dongnam52@naver.com

탈 외 1편

박 병 원

오랜 시간이 지층처럼 쌓인
손 때 찌든 하회탈 한 점
거실 벽에 걸었다

쳐다 볼 때 마다
탈 많은 세상에 탈 없이 살라며
'이 뭣고' 화두를 던지는
선정禪定의 초입으로 이끈다

면벽의 시간이 나를 끌고 간다
분수에 넘는 남의 탈을 쓰고
본색을 숨긴 초라한 모습
나도 속이고 남도 속인 거짓들
내 안의 탈이 탈로 들어 난다

순간
벽에 걸려있던 탈이
내 등을 죽비로 후려친다

탈이 탈을 벗는다.

얼음꽃

간밤,
그리움을 토하듯
향적봉 정상까지 몰려온 운무雲霧
나의 싸늘한 외면에 한이 서렸음인가
떨고 있는 나뭇가지마다 엉겨 붙어
새하얀 서리꽃을 피웠다

가야산에서부터 여명이 밝아올 무렵
그 온기에 돌연,
차가운 불의 입김은
녹았다 얼기를 반복해
사리를 빚어낸 듯
마침내 영롱한 얼음꽃으로 안겨온다

외면할수록 단단히 얼어붙고
감싸 안을수록 녹아내리는 얼음꽃
뜨거운 울음을 차갑게 토하는
그의 열정에 전도傳導된 나,
달아오른 가슴에 얼음꽃 품어 안고
뜨겁게 입 맞추고 싶다

덕유산 눈 덮인 땅속에는 야생화들이
새싹을 잉태한 채 꿈틀대고 있다
내 그리움도 따사로운
봄의 입김을 기다리고 있다.

텃밭을 가꾸며

자소엽,
의성초,
아마란스,
양지바른 텃밭이 새 가족을 맞이했다

봄이 가고
여름이 오고
장마가 시작되었다

그 사이,
점령군처럼 텃밭 가족을 에워싸는 잡초들
호미를 든 내 손에 푸른 핏방울이 튄다

내가 잡초와 육탄전을 벌이는 동안
도반*道伴이 된 잡초와 텃밭 가족들,
경전耕田에서 경전經典을
함께 독송하고 있다

더불어 살겠다는 그들 마음을
미처 헤아리지 못한 농심,
격렬 했던 경계境界짓기를 내려놓고
마음 부푼 텃밭에서 합장하고 서 있다.

* 도반(道伴): 함께 불도를 수행하는 벗, 도로써 사귄 동무

박 병 원 (朴 炳 元)

아호: 奇山, 松坡, 石溪, 中海, 《다시올문학》 신인문학상, 새마을운동중앙연수원 원장(교수) 역임, 한국문인화협회 자문위원. bwp518@hanmail.net

선물 외 2편

박 성 은

당신의 입맞춤으로 하루를 열고
매일 잘하고 있다고 토닥여 주는
당신의 손길이 좋아

화사한 꽃이 피어
세상을 물들이는 봄이 오면
그보다도 내가 더 곱다는 당신이 좋아

내리쬐는 태양이
제아무리 뜨겁다 해도
나를 향한 당신의 따뜻한 눈빛이 더 좋아

오곡백과 풍성한
가을 들녘을 감탄하다가도
나 하나로 기쁨 가득이라고
말하는 당신이 좋아

화려한 설국 잔치가 겨우내 펼쳐져도
우리의 사랑이 있으면
세상을 녹이니 내 사랑 당신이 좋아

둘이 하나 되어
서로 감싸 주고
서로 섬겨 주니
주신 선물로 행복한 날

함께하시는 하나님 사랑
감사하기만

* 결혼 축시

다 아는 비밀

우리는 마주치면
입맞춤 합니다.

우리는 마주치면
엉덩이를 두들겨 줍니다.

우리는 마주치면
밀어를 속삭입니다.

생각만 해도 가슴이 뛰고
세월이 갈수록 기쁨이 되는 사람
“동화처럼 만화처럼 그렇게 살자.”
처음 다짐처럼 꼭 그렇게 살아가는 사람

4년 동안 밀고 당기다
25년째 한이불 덮고 사는 사람
보기만 해도 미소가 지어지는 당신
다 아는 비밀, 이제 밝히렵니다.

당신을 진심으로 사랑합니다.

*결혼 25주년 기념일에

인연

오랜만에 백설탕이 듬뿍 들어간 커피를 마셨다.
보온병 뚜껑 한가득 시커먼 커피를 담아
알몸으로 내미는 여인의 시선은
아무것도 아니라는 듯 시크하다

출근 전 이른 아침
매일 들르는 목욕탕에서
나는 수지맞았다.
건강도 챙기고 목욕탕
단골 어르신들의 사랑도 챙기고
어쩌다 며칠 안가면
슬쩍 안부를 묻는다.

"요새 안 보이던디?"
더 이상 질문도 없이 탕 속으로 사라진다.

나는 매일 아침
알몸으로 맺은 관심에 살맛이 난다.

박성은(炯心)
평택대학교 사회복지대학원 졸업. 2011년 《다시올문학》 등단. 천안낭송문학회 회장. 現 천안시청 근무.

산사의 밤 외 2편

박 수 걸

적막이 울부짖는 산사의 밤
바람의 발끝에 차인 풍경이 아파할 때
스님은 이승과 저승의 삼각지에서
남몰래 두고 온 속세를 만지작거릴까
홀로 가는 길에 동행의 그림자가 따르면
머리맡에 벗어 둔 승복으로 눈을 가리고
법당 모퉁이를 돌아가며 뒤돌아보지 않겠지
가진 것이 없으니 무거울 것도 없고
받은 것이 없으니 줄 것이 있을쏘냐
그저 가벼운 영혼 하나 달랑 메고
영생불멸을 염원하는 스님의 여정이 부럽구나
내 부질없는 인연 실타래처럼 엮은 죄
부처님도 풀어줄 순 없을진대
바람이 불어도 소리 내지 않는 풍경처럼
육신과 영혼을 난도질하며 저지른 죄
행여나 하며 용서를 빌어보는 산사의 밤

알랑강 모를랑강

애정도 우정도 아닌 것이
지푸라기라도 잡고 싶어 자리매김했다가
떠나간 자국 깊이 파인 것을
알랑강 몰라

허물어진 마음 메워 보려는 몸부림
무당 손에 잡힌 신들린 신대처럼
흔들리지 않으려 해도
바람따라 떠도는 단단한 영혼
그리움으로 흔들어 댄다는 것을
허물어지지 않으려 애쓰며 그려본 꿈
오래도록 지워지지 않도록
지푸라기라도 잡고 싶은 이 마음

인연이 아닌 것에 목 졸려
허우적거리는 이 못난이의 여정을
알랑강 몰라

명약

건강하게 살면 명약이 소용 있나.
병들 놈들에게 한없이 좋은 약

건강검진 받다가 니도 나도 병들면
그 약 먹고 만수무강하자고
주둥아리 맞추어 만든 약

온갖 잡동사니 몰래 처먹고
배때기 볼록해서 소화 안 될 때
그 약 한 알 처먹으면
갑갑한 세상에서 툭 튀어나오지

그 명약 한 알이면
빠알간 놈도 흰 놈되고
검은 놈도 흰 놈 되고
악마도 양이 되는
참 좋은 약

그 약 대량으로 생산하는
종로구 청기와집 공장에는
병 주고 약 주는 요술쟁이 사장님
제발 그 약 팔지 마소

그 병 한번 들면 불치로 그냥 두소
그래야 그 병 안 걸리는
좋은 세상 안 되겠소

박수걸

경남 밀양출생 , 2008년 계간 《다시올문학》 등단, 다시올문학 운영위원, 시집 『내 속살 보여줄까』,

yasehoa@naver.com

안동에서 배우다 외 2편

서 영 용

월령 교의 물안개가 아침 햇살에 피어오른다
눈 덮인 안동 땅속에서 봄은 싹을 키운다

종암 이현보 종택宗宅
기왓장에는 조선 사대부의 기상이 서린다
집 앞 냇가, 얼음장 밑으로 맑은 물이 흐른다
층층이 깎아내린 듯 고운 결의 절벽이
삼면으로 에워싼 풍경
89세까지 거닐던 마당, 걸음걸음에
시의 싹이 움튼다
초상화를 보다가 생각에 잠긴다
위대한 시인은 DNA가 시인 기질일까?
아름다운 풍경이 시인을 키웠다
지방관리를 고집하신 강호 시가의 처신은
삶의 미학으로 잉태되었다
눈 덮인 마당을 걸으면서 일기장을 뒤적인다

버스에 오른 문학기행 반 입가에 침묵이 흐른다
낙동강 줄기 따라 도산서원에 다다른 일행은
유교문화의 꽃을 관람한다
퇴계 선생이 거처하신 작은 방을 보며
성리학의 꽃밭을 산책한다

거지들이 살았다는 소문이 나돌고
경제대통령이 집무실 앞에서 옮겨 심은 소나무는
하늘을 향해 뻗어 오른다
장인 공자 형 기숙사에서 공부하는 학생들의
글을 읽는 낭랑한 목소리가 들려온다

사춘기 때 꿈꾸던 경제학 공부를 시작하자
흐르는 낙동강 물 위에 뜻을 띄워 보낸다

뷔페식당

동네에 뷔페식당이 여러 곳 있다

일정한 금액을 내면
먹고 싶은 만큼 얼마든지 먹는 식당
낸 돈보다 더 먹고 싶은 게 인지상정
배가 고프면 많이 먹을 수 있다고 생각하지만
두어 번 돌다 보면 배가 불러
한계효용*이 감소한다

많이 먹을수록 한계효용은 마이너스

뷔페식당이 살아남는 것은
낸 돈만큼 먹기 전에
한계효용이 마이너스가 되어
장사가 되기 때문

고깃집에 가서 만 오천구백 원 주고
돼지고기 소고기를 부위별로 먹다가
포만감에 더 먹지 못했다
그 돈으로 집에서 해 먹으면
몇 차례 양을 나눠 먹을 수 있는데

한식뷔페에서 반찬이 열다섯 가지 나왔다

밥값 오천 원
싼 맛에 허겁지겁 먹다가
짠맛에 더는 못 먹는다

뷔페식당은 과학적 상술
손해 보지 않는 뷔페식당은
풍성한 눈요기로 손님을 끈다

* 한계효용 = 총 효용의 증가분 /소비량의 증가분

국립중앙박물관을 산책하다

세계 여섯 번째 큰 박물관을 관람한다
왕족과 상류 귀족층이 사용하던
유물이 즐비하다

구석기시대 주먹도끼를 보며
사냥에 서툴러 남자 구실 못하는 나를 반성한다
고조선실에 전시된 고유의 비파형 동검
칼끝에서 끈끈한 역사가 이어졌다
백제실 마한시대 나주유물과 독 널을 보며
고향의 역사를 상상한다

신라 금관과 화려한 귀걸이 반지
세계적 공예기술이다
청자와 백자의 독창성 당시 첨단산업제품들이
유럽박물관의 유물과 비교해도 손색이 없다

G20 회원국으로 이곳에서 정상 만찬을 했던
한국의 국제경쟁력
관람객들이 타고 온 현대자동차들
전시관의 삼성 영상모니터들
내 호주머니 속 삼성 스마트폰
해방 이후 각 산업의 역사는
강인하고 끈끈한 민족성이었다

박물관을 산책하며
과거를 알아야 현재를 알고
현재를 알아야 미래를 알 수 있다는
역사적 명제 앞에 내 인생의 경쟁력
반.성.한.다.

서 영 용

세종대학교 경제학과 졸업 방송통신대학교 농학과 졸업
2010년 《다시올문학》 신인상
seoyoungyong@hanmail.net

그런 거지 외 2편

송 기 남

살다 가는 거지
어떻게
당신이 생각하는 대로

살다 가는 거지
어떻게
마음이 원하는 대로

그런 거지
생각이 마음을 움직일 때
함께할 시간만 있다면
다 할 수 있는 거래

하고 싶은 일이 있는데
할 수 없다면 스스로 물어봐
대답이 없으면 더이상 묻지 마
마음이 상처를 받으니까

그런 거래
모르는 것은 모르고 가야 하고
조금씩 아는 만큼 성장하는 거래

그런 거야
함께할 마음이 없는 일은
시작도 하지 마!
그럼 상처도 없잖아

아픔은 잠깐 조금만 만나고
기쁨은 오래 많이 함께하자구
아픔 보다 기쁨이 좋잖아
인생 다 그런 거지 뭐

고추 농사

사각 스티로폼 속 퇴비 안은 흙
거친 생명력 보이는
난쟁이 고추나무 세 그루
작디작은 하얀 고추 꽃
아기처럼 정성을 먹으며 자란다

작아도 고추인 걸 뽐내며
이상 기온 맛보려 사각 통
구석구석 뿌리 뻗어
토실하게 살이 오른 날

이별의 아픔을 맛보며
조신하게 베어 물고
오래도록 씹으려 했건만
언제 차올랐나 독기가 입안 가득
그동안 정성 들인 마음에 보답한다

내년엔 거름도 사랑도 듬뿍 주고
형제들 쑥숙 낳아
헤어짐의 섭섭함보다
다산의 기쁨 맞이해야겠다

해 뜨면

어스름해 뜨면
산봉우리 불 지피고
산새들 기지개 켜며
아침 농부 부르고

높은 산 우뚝 선 솔 한 그루
남북으로 늘어진 능선 타다
거친 숨소리 몰아쉬며
산야를 깨우면

어둠을 헤치고 온 해가
눈부시게 담 넘어와
여물 달라는 워낭 소리에
그림자도 서서히 깨어난다

송기남

아호 무진(楙津). 지역고용인적자원개발원 이사장. (재)한국녹색산업개발원 이사장. 시집 『행복찾기』. 공저시집 『느슨한 저녁』 외 다수. koca7@hanmail.net

칼의 공식 외 2편

송 옥 임

비록 하찮은 것을 자르더라도
벼리고 갈아 날을 세워야 한다
자르고, 썰고, 다듬고, 쪼개고
할 일은 많고 많은데
베이지 않도록 조심해야 한다
가르고, 도려내고, 다지는 일도
칼과 인간이 더불어 할 일이다
단단하게 자란 무를 토막 내
깍둑깍둑 깍두기를 썰고
감자를 깎는 일도
사과를 깎는 일에도
적절한 방법을 모색해야 한다
허물어도 허물어지지 않는
날카롭고 위태로운 일상들
칼의 공식으로 세상을 견주어 본다
자르고, 썰고, 다듬고, 쪼개는 일들이
세상의 모든 것에 적용되어
평등하고 반듯한 세상이 되도록
번득이는 칼날이 무디어지도록
기도하는 마음으로 살아가야 하리

얼굴 거울

그 집에 가면 거울이 없어요
서로를 바라볼 얼굴 거울만 있을 뿐이죠
누군가는 거울도 안 보고 사느냐고
간혹 묻기도 하겠지만
안 보고 사는 게 속 편할까 싶기도 해서
서로의 얼굴만 바라보기로 했다지요
보이는 것과 보이지 않는 것엔
다소 차이가 있겠지만
보이지 않는다고 나쁜 건 아닌가 봐요
어쩌면 아주 중요한 걸 망각하기도 하지만요
거울에 비친 또 다른 세상에서
불안함과 묘한 감정이 솟아나는 건
현실에서 벗어나고픈 욕망일지도 몰라요
비춰진다는 건 눈이 부시다는 것….
빛이 있는 어둠 속에서 허둥대는 거죠
가끔 거울이 없는 그 집이 부럽더라고요
까짓 거울이 없다고 손해 볼 일은 없겠지요
세상의 모든 잡다한 일들이
거울처럼 맑고 투명하다면야
굳이 들여다보고 말고 할 필요도 없지 않을까요?

느티나무 죽다

도로 옆에 새로 지은 그 집 앞엔
가로수가 몇 그루 서 있었다
해마다 싱싱하게 잎을 피우던 나무였다
그중 한 그루의 나무가
서서히 잎이 시들더니
시름시름 앓다가 결국은 죽고 말았다
한 마디로 그 나무는
그 집에 걸림목이었던 거다
누군가 나무의 뿌리에다가
몹쓸 짓을 한 것이 너무도 분명하다
확실한 죗값을 묻고 싶지만
아무도 본 사람이 없으니
육하원칙이 성립되지 않는다
그야말로 증거 없음이다
또한, 개인적으로 따질 수도 없는 일….
죽은 나무는 이제 곧 베어질 것이다

그리고, 누군가는 웃을 것이다

송 옥 임

시집 『하얀 그리움』으로 작품 활동, 계간 《다시올문학》 소설 신인상, 시집 『하얀 그리움』

soi7918@naver.com

비비탄에 맞다 외 1편

신 현 복

방배동 사는 지인이 윗동네 사는 프랑스인 교수를 알게 되었단다 어찌어찌 하다 막 초등학교 입학한 아들을 외국어 배우라고 그 집에 보내게 되었단다 하루는 녀석이 숨 헐떡이며 들어와 선생님네 되게 부자라며 호들갑 떨더란다 방배동에서도 부촌이라는 서래마을, 그것도 예술의 나라 프랑스 사람은 그래 얼마나 잘해놓고 사는지 내심 궁금해지더란다 슬쩍 맞장구쳐봤단다 그러자 아들 녀석 장전된 부러움을 마구마구 쏴대더란다 신이 나서 자동연발로 난사하더란다 예측하지 못한 방향에서 날아온 생각보다 강한 비비탄에 한 방 맞은 속내 들킬듯싶어 화장실 핑계 삼아 얼른 방안으로 숨었단다

"선생님네 집엔 강아지가 세 마리나 되고요 고양이도 있어요 어항엔 금붕어가 열 마리도 넘어요 그리고…"

이젠 너무 아프지 마!

모교 초등학교 동창회 명의의 弔花가 분향소 입구 양쪽으로 나란히 서 있다 5남 3녀보다 두 개가 더 많다

미안해, 상주가 이리 웃고 있으면 안 되는데 보고 있자니 그냥 웃음 밖에 안 나오네 언젠가 그랬잖여 너무 아프면 웃음 밖에 안 나온다고 맏이부터 막내까지 총동창회라 저기 10회는 셋째 며느리 다들 초등학교 총동창회 하는 거냐며 에둘러 웃음으로 위로하네 이제부턴 우리도 고아라나 그래두 걱정하지 마 지금은 제 앞가림들은 하며 살고 있잖어 참 수십 년만에 아버지랑 만나겠네! 그냥 웃어 넘겨 너무 아파서 웃을 수밖에 없겠지만 그래두 혹시나 싶어서… 이젠 더 이상 고생했다는 말은 하지 않을 게 그동안 고마웠어, 정말 고마워 이젠 너무 아프지 말구 잘가, 엄마

소식

消 사라질 소
息 쉴 식

무소식이 희소식이다

신현복
충남 당진 출생, 2005년 《문학 · 선》 등단, 현재 (주)한라 홍보실 부장이사, 시집 『동미집』

자전거 외 2편

오 영 록

어어어 오오오 으으으 햐
일단 타기만 하면 쓰러지지 않는
쓰러지고 싶어도 넘어지지 않는
핸들을 놓아도 스스로 서는
뚱뚱한 사람이나 날씬한 사람이나
아침 먹은 사람이나 굶은 사람이나
산책하는 사람이나 출근하는 사람이나
슬리퍼 신은 사람이나 운동화 신은 사람이나 그저
쓰러지는 쪽으로 몸을 날리는 법을 배운 사람
넘어지는 쪽으로 핸들을 꺾는 용기 있는 사람
무릎이 깨져도 원망하지 않을 사람은
누구든 다 받아주는 자전거

사실 쓰러지는 쪽으로 넘어지는 것이 사는 길
올바로 일어서는 길
바로 서기다

자갈밭을 만나면 누구나 다 내려서 끌고 가게하고
계단을 만나면 어깨에 메거나 들고 가게하고

내리막에선 페달을 밟지 않아도 스스로 굴러가 주고
올라타기만 하면 바람으로 머리를 쓰다듬어주고
물 위도 마른 발로 건너게 하고
자르르 자르르 노래도 들려주며
발이 되기도 눈이 되기도
몸이 되어주기도 하는
오~ 나의 신이여

날

칼을 갈다 날을 본다
얼마나 더 갈아야 하는지, 날이 섰는지
하얗게 보이던 무딘 날은 설수록 사라졌다
어디로 간 것일까
서슬 퍼렇다는 말은 날이 허공이 되었다는 소리
날이 사라졌다는 것은
웃음 뒤로 감추었던 슬픔처럼 숨는 것
허공은 없는 것처럼 유순하나
무섭고 날카로움이 항시 존재하는 날
날이 사라진 뒤에 손을 대 본다
허공이 까끌까끌하다
증오와 시기 같은 가시를 만져보는 것
보이지 않는 존재의 두려움이
등골을 쓸었다
말 많은 사람보다 과묵한 사람이 무섭다는 말
많은 습작을 거친 사람은 숫돌에 그만큼 갈렸다는 말
너무 오래 갈다 보면 날은
저 스스로 제 몸을 버린다
날이 넘는다는 말은
슬픔도 많이 쌓아두면 웃음이 된다는 말
심장이 난자되도록 너무 많이
세우지 말아야 할

무너지는 오륜五倫 층

오륜五倫은
마지막 방어선이었다
뚫린 구멍으로 빗발치듯 쏟아지는 사고思考
방어책이라야 겨우 질 좋은 선글라스를 쓰는 것뿐
선글라스 종류에 따라 노랗게도 보였고
초록으로도 보였으므로 좌파다 우파다 편을 갈랐다
모두 자신의 선글라스 색을 밝히기 꺼렸다
좌로도 우로도 치우치지 않게 줄을 섰다
누구도 색깔을 알아볼 수 없는 반사 안경이다
선글라스의 한계는
여름이 가을로 읽히고
가을을 봄으로 읽는 오류였다
모두가 오답이었으므로 정답은 늘 내게만 존재했다
붉게 보여도 초록으로 읽어야 하고 초록으로 보여도 붉게 읽어 내야 하는 난독
어디에도 정답이 없는 착시
파도를 마그마로 읽어 우기기도 했고
화산을 옹달샘으로
일출을 노을이라고 우겼다
머잖아 흑백으로만 보이는
상태가 될지도 모를 난시

오 영 록

강원도 횡성 출생. 《다시올문학》 신인상. 《문학일보》 신춘문예. 청계천문학상 수상. 〈시와 그리움이 있는 마을〉, 〈빈터〉동인, cy3213@hanmail.net

마음의 지도 외 2편

우 애 자

한눈에 볼 수 있는 좁은 골목에서
진실과 거짓을 구별하지 못해 애간장이 탄다
두 눈을 가린 안갯속에서
하늘은 해와 달의 그림자를 품고 갈등한다
바람에 떠도는 뜬소문
귓전에 스치는 말 한마디에
상처받는 불구의 시간 속에서
마음은 빛과 어둠의 지도 감추고 모른 척한다
푸르락누르락 변덕 많은
비틀어진 가지 잘라 주고 싶지만
고통에 몸부림칠까 애타는 눈,
보고만 있는 망설임에 칼바람 불어온다
진실은 어느 하늘에서 울고 있을까
누군가에게 길을 알려 주려는
저 처절한 울부짖음, 천둥 번개
하늘을 적시고 땅의 혼을 흔들어 깨운다

한쪽으로 보는 세상

빛 잃은 한쪽 눈
휘어지고 기울어진 세상사
더듬어 가는 어둑한 길
한쪽 눈마저 힘이 빠져 구덩이에 빠진다
아무도 눈치채지 못한
혼자 앓는 병
빛살에 찡그려지는 눈, 거리를 가늠하지 못해
결빙된 시간 속에 목이 꽉 잠긴다
깊고 얄팍함, 진하고 옅음이 헷갈리고
초점이 맞지 않는 눈 속도가 붙으면
숫자와 글자는 보이지 않아
날카로운 칼날에 피를 흘린다
아픔 속에서도 어슴푸레한 빛 밝아 오면
마음의 눈 지팡이 삼아 산에 오른다
온몸이 푸른 눈이 되어 어두운 하늘을 읽는다

푸른 별들이 꿈의 지도를 환하게 펼친다

찌그러지는 의자

골목 어귀에 나와 있는 의자
삶의 무게로 휘어진 몸 벽에 기대어
통통 부어오른 눈, 허망하게 석양을 바라본다
긁히고 파인 상처 많은 의자
힘든 새벽을 헤엄쳐 왔다는 표시가
등허리에 흉한 못 자국으로 남아 있다
누구도 관심을 갖지 않는 늙은 의자
해거름 속에 외로움과 슬픔을 꾹 삼키며
여기저기에 상처 난 흔적을 더듬어본다
쉴 사이 없이 등을 굽혀야 했던 삶
힘겨운 무게와 고난을 견뎌냈지만
상처만 남은 의자, 빗속에서
얼룩을 지우며 무안했던 자취를 지운다
푹 꺼져 가는 가슴에 한 줄기 빛이 서린다
행운을 비는 손끝에서 아직도 꿈을 꾸는 삶
아픈 희망을 끌어안고
푸른 하늘 우러러 긴 숨 몰아쉰다

우 애 자

2009년 《다시올문학》 등단, 가락동 우일수산 대표, 다시올 문학 작가회 부회장, 시집 『새벽을 열다』,

aarym@naver.com

버불 버불, 버불 외 2편

우 옥 자

뒤통수가 밋밋하고 사소하다구요? 혹자는 産道를 통과하다 짓눌린 흔적이라고, 착한 천성 탓이라고 위로들 하죠, 그런데 돌출한 구강구조는 화를 내고 있는지, 울고 있는지 분명하지 않아요 주저앉은 정수리, 휑한 머릿속은 좀처럼 채워지지 않는다구요? 평면 콤플렉스, 진화의 먼 이력까지 들출 필요는 없어요 납작한 이마에 생머리가 초라하다면 물론, 뽕 고데기가 있으니까요 굵은 컬이 직모의 生을 돌돌 말아주죠 사막은 모래바람이 불고 뜨거워요 그것은 잠깐이죠 웨이브가 풍선 인형처럼 부풀어 올라요 2%가 부족하군요 얼굴도 팔도 없는 마네킹들이 걸친 란제리 6종, 이~렇~게, 살들을 긁어모아서 받쳐주는 거죠 볼륨이 살아나죠 패드를 넣을 수도 있어요 레드 옐로우 핑크 화이트 블랙 블루의 레이스, 그날그날 기분을 선택할 수 있죠 아슬아슬한 노출은 정말 황홀해요 가슴이 돋아나고 엉덩이가 부풀어 오르는 걸 경험해 보세요 조울증에 걸리기 쉬운 날이라구요? 가위눌린 가슴과 짓눌린 뒤통수를 한껏 세워보는 거죠 수컷들이 갈기를 세우듯 이마에 흘러내리는 앞머리에 두어 가닥 브리지 염색을 추가해 보세요 그리고 손톱엔 스카이블루 매니큐어가 어때요 입체감이 돋보이도록, 시크한 매력의 빛깔이랍니다. 머리카락을 쓸어 올릴 때, 너무 섹시하죠 껍질을 까고 고기를 찢던 손톱의 기억은 빨리 잊는 것이 좋아요

아– 저기 경품 세탁기가 돌아가네요 버불 버불, 버불

개죽음

밤이 한번 격렬하게 찢어졌다

손에 피 한 방울 묻지 않아 참 다행이다
배고픔으로 찌들은 뱃가죽이 둥글게 늘어져 있고
모로 누운 굽은 등에 달린 두 팔과 다리도 깨끗하다
잠이 쏟아지듯 혼곤한
아침 햇살
가르랑가르랑 숨을 참으며
불안을 실어 나르던 발끝이 이제, 고요하다
바람이 젖은 눈가를 훔치고 지나가는데
자꾸 스멀스멀 웃음이 새어 나온다

나비처럼 몸을 날려
가볍게 착지하는 것이 주특기이긴 하지만
그것은, 황홀한 섬광
생의 가장 장엄한 비행이었기 때문이다

사람들이 힐끗힐끗
에둘러 경외를 표하며 급히 사라진다
이렇게 통쾌한 적이 있었던가
마지막 펀치 한 방 제대로 날린 것이다

대로 한복판에 물컹한 便 한 사발 갈긴 것

왼손잡이

왼손은 오른손보다 커요 마디도 굵고 힘도 세답니다 칼질, 가위질, 방망이질, 왼손으로 하죠 빨래도 왼손으로 비비고 왼쪽으로 짜요 뜨거운 냄비를 잡을 때 무거운 것을 들 때도 왼손이랍니다 늘 왼쪽으로 눕고 걸음도 왼발이 먼저 나가요

세 살 무렵, 어머니는 왼손을 벙어리장갑처럼 묶어 두셨다는데, 한사코 왼손만 썼다네요 그래도 밥 먹는 것만은 어머니가 이겼어요 여고시절, 발리온로즈스티치*를 배우는 가사 시간이었죠 선생님조차 헷갈려하시던 왼쪽으로 수놓는 법, 손수건 귀퉁이에 젖은 장미꽃 두어 송이 피어났어요

세상은 오른짝 신발을 왼발에 신은 것 같았어요 수많은 것들이 오른손잡이용이고 세상의 문들은 오른쪽으로 열게 되어 있으니까요 서툰 손은 멍들고 베이기 일쑤였죠

그렇게 한참을 살아 냈네요

엊그제, 통증이 심해 병원에 갔더니 삐뚤어진 고관절 때문에 오른쪽이 더 아프다는 거죠 그러고 보니 오십견도 오른쪽을 앓았네요 일 년이 넘도록 새벽마다 쑥, 쑥, 쑥, 수군수군하는 통에 잠을 설쳤거든요

그런데, 참 이상하지 않나요
골병든 것은 왼쪽일 텐데
고작 숟가락질이나 하며 공손하게 살았는데
젓가락질도 어설픈 가난한 먹물 같은 내 오른쪽 말입니다

* 장미 모양으로 놓는 서양자수

우옥자

충남 서천 출생. 《다시올문학》 신인상. 동인시집 「오이지 단지」 외. 현 운양고등학교 교장
wooropa@hanmail.net

석양 아래서 외 2편

유 형 근

석양 아래
그리운 삶들

아내는 저녁을 짓고
사랑을 짓고
남편은 하루를 씻고
꿈을 씻는다

약속을 하듯
석양은 앉았던 자리에
노을을 남기고

꿈을 이룬 이도
내일로 꿈을 미룬 이도
그 노을을 본다
약속을 본다

만추晩秋

늦은 가을은
자연마저 외로워한다
낙엽이 지고
낙엽은 쌓이는데

빈 가지 아래
잃어서는 안될 그 무엇 앞에
바람이 웅크리고 앉아 있다

나무꾼도 없는 산에
꿩 한 마리가 날아오른다
옮겨 앉는다고
눈시울 그렁한
그 외로움 덜어지나

징검다리

너 살던 곳에서는
그래도 한 인물 하지 않았더냐
튼튼하고 반반하다고
그러던 네가
몸의 반은 물속을 딛고 등을 내주어
길을 잇고 하루를 잇는구나

어떤 이의 귀향을 돕고
추억을 건네주고
혹 사랑이라도 건너는 날은
못 본 체 침묵해 주는
네가 고마워
내 한 번쯤은 바지를 걷어 올리고
첨벙거리며 건너고 싶다

사람들이 징검다리 끝에
근심을 내려놓고
추억을 담아 빙그레 웃으며 간다

유형근

강원 정선 출생, 강원고등학교, 신구대조경학과 졸업, 게임기, 자판기개발업체 대표, 2014년 《다시올문학》신인문학상, okcnb@naver.com

함평천지 외 1편

이 사 랑

서울에서
서해고속도로를 타고

남쪽으로
남쪽으로
하행하다
졸음이 밀려올 때쯤
소똥 닭똥 돼지똥 냄새나면

거기서부터 전부
내 고향이다

사람이 떠난 집터에는
대나무 숲 청청히 우거지고

천지 지천 갓동꽃 피고
지고 나면 배롱꽃 피고
지고 나면 싸리꽃 피고
지고 나면 꽃무릇 피고
지고 나면 억새꽃 피는

가도 가도 붉은 황톳길*
무심히 정자를 지나던 바람도
가부좌 틀고 앉아
소리 한자리 뽑아내지 않고는
그냥 못 가는,

*한하운, 전라도 길— 소록도 가는 길에

조상을 섬기다

남도의 붉은 산은
피로 물든 산
유골이 진토 되어 넋이라도 있고 없고 간에
시조 고조 우리 하나 씨들 묻혀
산이 되었다

동족이 동족을 쫓고 쫓기다
산야에 유골이 나뒹굴던 땅
불갑산에서 흘러온 피
용천사 연못이 받아놓고

이 가을 시제 모시는가?
핏빛으로 타오르는 수억 푸른 촛불들

소나무 껍질 벗겨 먹고
지푸라기를 땔감으로
엄동설한에 베옷 입고
잡초처럼 살아남은 자손이다
우리라는 우리는
김 씨 이 씨 박 씨 최 씨
자자손손

괭잇날 삽날 반의반 쪽으로
그들이 일군 산허리 양지마다
배고파 죽겠다던 사람들
꾹꾹 눌러 고봉밥으로
추워 죽겠다던 사람들
명당에 모셨다

누구든 남도에 오시거든 보시라
동산마다 정성스레 차려놓은 고봉밥들
어느 쌍놈 후레자식이라도
망자 앞에선 예절을 아느니

세상이 문명과 자본으로 범람할지라도
아들아 ! 잊지 마라
딸들아 ! 기억하라

부모 없이 태어난 자식 없다는 말.

어머니의 해학적 발상

어머니를 위하여
시동생이 가져온 전동유모차
고이 집에 모셔놓고…
무슨 자존심인지 뚝심인지
내 나이가 몇인데 하시며
뒷짐 지고…
마을회관 출입하시더니
연습 삼아 몇 번 타본 뒤로
요즘 생각이 바뀌었다
'이거시 내 다리여 발이여
찰로 이거시 효자랑게' 하신다
아직은 젊은 내 나이 오십인데,
느그 시아재 집에 요거가
두 개나 있당게 애미 너도,
한 개 갖다 타고 댕겨라
어머니 제가 그걸 어떻게 타요?
나 같은 바보 멍청이도 타는디
너는 기차게 탈 거다

이사랑
2008년 《다시올문학》 신인상. 수주문학 대상수상.
poem2112@naver.com

알미논 외 2편

이 운 상

추수를 앞둔 알미논
바라만 봐도 배부르다

쑥부쟁이 억새꽃 핀
산길 지나면
우리 알미논 있다

밥맛 좋기로 소문난
온 누리 황금누리 쌀

차지고 질퍽한 황토 논에
우렁이 미꾸라지가 주인인
알미논

큰 비바람 다 이겨내고
겸손히 고개 숙인 벼들

추수를 앞둔 알미논
가을 운동회가 열렸다

성질 급한 멧돼지는
지난밤 씨름 대회를
메뚜기는 높이뛰기 멀리뛰기를
사마귀는 팔씨름 하고 있다

본가

나의 아버지의 아버지가 지은
90년 된 한옥
시누대가 병풍으로 둘러쳐진
이 집은 대문이 없다

한 때, 잠시 비워두기도 했으나
세상에서 실패하고 돌아온 나를
이 집이 받아주었다

어느 해 태풍에 가슴 한쪽 무너진 집
툇마루에 앉아 신문을 읽자면 눈이 캄캄한 집
기왓장과 서까래 몇 개 기우뚱 기울어진 집

관리만 잘하면 백 년은 살 수 있을 거라고
아내 주춧돌이 남편 대들보를 받들고 있는

이 집은
흙으로 지은 집
농사에도 절기가 있는데
내 게으름과 무관심에 집 한 채가
소리 없이 무너질 수도 있겠구나

고치자!
흙으로 돌아가기 전에
서둘러 고치자!
집이 나를 버리기 전에

벌침

추석을 앞에 두고
아내와 벌초하러 갔다

오늘도 아내는 투덜댄다
– 우리만 자식이오?

달걀 봉 증조님 산소부터
아내는 위쪽에서 아래로
나는 아래쪽에서 위로

예초기 작업을 하고 있다

깅가밍가,
기계 소리 너머로 들리는 소리
사람 살려! 사람 살려!

빨간 대추 벌떼
아내를 공격하고 있었다

언덕 아래로 굴러떨어진 아내
오리나무 숲으로 피신시킨 뒤
8방의 벌침을 뽑아냈다

조상님 이발시키다
산 사람 죽게 생겼다며
아내를 업고 산을 내려왔다

오랫동안 신경통으로 고생하던 아내
벌침효과를 봤는지
–조상님께서 난티 복을 주었당께라
–거봐!

이운상

함평 출생. 조선대 경영대학원, 전남대 행정대학원. 《다시올문학》 등단. 함평문화원 이사. spring8706@naver.com

헌 책방 외 2편

이 인 수

희부연 상복 입고
옛날의 행복을 꿈속에서 되씹으며
졸고 있는 군상들

싱그러운 잉크 냄새는
향수보다 향기로웠고
반짝이는 글자들은
갓 시집온 색시 연지 곤지 마냥 풋풋했다.

소월의 진달래꽃을 피웠고
파인의 산 너머 남촌으로 파인을 찾아 떠나기도 했다

이제는 피안의 뒤꼍에서
여럿이 등 떠밀려 가기보다는
좌우 문무석 세워놓고
가끔이나마 쳐다보아주는 사람 찾아
떠나는 꿈을 꾼다.

해바라기

폭풍우 멀어지는 날
검은 구름 사이로
번지점프 하듯 내려오는 햇살을
울타리 너머 맞이합니다

그렇게 찾아왔습니다

매일매일 기쁨은 더해 갔고
그때마다 발아하는 사랑의 결정체는
연애편지 모아놓듯
차곡차곡 쌓여갔습니다.

눈빛 이야기 나누던 날들이 지나갑니다.

세상이 하얗게 서리가 내릴 즈음
정열에 불타던 당신의 눈빛이 그윽해져 오면
나의 사랑이
우리의 이야기들이
새까맣게 영글어져 맺혀질 것입니다.

잉어

– 안중근 의사를 기리며

하얼빈 연못에서 잡힌
잉어 한 마리
어망 속에서도 여유롭고
죽음 앞에서도 의연하다

멋진 수염을 보라
그는 귀족이다

이 인 수

충남 부여 출생, 계간 《다시올문학》 신인상 당선, 동안문학회 회원. okings@hanmail.net

콩켸팥켸 외 1편

양 소 연

살겠다 못 살겠다
근심과 한숨 미처 걸러내지 못하고
묵힌 염증

속을 끓이고 또 끓였더니
결국 콩팥이 익었다

병과 씨름한 지 한 보름
묵은 찌꺼기 걸러내고
간신히 내려앉은 염증

그 사이
한 가지 꾀가 늘었다

콩은 콩대로
팥은 팥대로 골라내는 재주가 생겼다

* 콩켸팥켸: 사물이 뒤섞여서 뒤죽박죽이 된 것을 이르는 말

을왕리乙旺里

맨 몸 드러내고
찬바람 맞는
검붉은 갯벌 등짝 같은

먼 바다의
경계 없는 끝을 보거나
낯선 공기를 마셔야만
살아 낼 수 있는 시절

떠나고 싶은 어제와
떠날 수 없는 오늘

썰물에서 밀물까지의
먼 시간 사이에

괜찮다 괜찮다
등 토닥여주는
가까운 바다,
을왕리가 있다

양 소 연
강화 출생, 덕성여대 국어국문학과, 글샘 동인, 현 상동중학교 재직, 동인시집 『바람의 화법』 외 다수
ysy19kr@hanmail.net

짐 외 1편

정 미 경

톡. 톡. 톡.
작은 새 하나가
나무의 정수리를 치고 있었다

  폴
 폴 폴
눈송이가 날렸다

나무는, 키가 큰 나무는 잠잠했다
가지마다 눈이 쌓여 하향의 자세를 취하고 있었다
골똘한 나무의 생각으로 숲은 평온했다

비엔나숲에서 슬로베니아로 국경을 넘어가는 곳.
달리는 차 창에서 만났던 키 큰 나무가 따라다닌다

어떤 이는 자꾸 칭얼대는 배역을 맡는다
그 곁에 그걸 짊어진 이가 늘 있다

  폴
 폴 폴
눈송이를 날리며

위미항

오후 두 시 위미항에선 아찔한 첫 키스가 기억난다 가만히 못 있는 물껍질 때문에
막 날아오르는 새마냥 바다는 낱낱이 부서져 파닥인다
부서진 조각마다 내 사랑이 박힌다 부서진 조각에 두 눈을 베이고
사이렌(siren)의 노랫가락이 두 귀를 녹인다

오후 두 시에 위미항에 가라앉으면 용궁에 닿는다
심청이 심 봉사 구경시켜 줄 법한 용궁에 닿으면
줄돔이 줄줄이 저린 다리 밟고
벵에돔이 뱅뱅 탑 돌이 한다
해국 잔잔히 핥고 간 바람에
풀 잎사귀 느리게 해적이고

정 미 경

제주 출생. 경북대학교 졸업. 《다시올문학》 신인상. 글샘 동인. 동인시집 『사과의 변증법』 외

yjmky@hanmail.net

담론 외 2편

정 지 용

– 내가 속한 세상에
　내가 기댄 것 없으니
　내가 사는 세상에
　너희 기대는 것 없이 그냥 살면 될 것을… –(말씀)

압구정이나 홍대 앞이나
그저 그냥 부근 한 저녁을 갑니다.
하늘이 저기 가끔 보이거나 말거나
앞서 가던 군상들이 멋대로 벗어 놓은 포도 위에
참 아름다운 하루 저녁을 갑니다.

나 홀로 사람이 고와서
이 하루가 정으로 넘실거립니다.

오늘 하루 자시子時가 가까울수록 참
좋습니다.

인생은 뭐
그렇게
긴 것도 아닌데요.

힐끗
대보름 크고 맑은 달이
빌딩 사이
그대로 가끔 보이네요.
별빛이 보일 듯도 하네요.

참 치열합니다.

그런 만큼 아름다운 자연이, 세계가
있을까요.

진정 우리 할머니가 어머니였을 때
만큼만요.

백수 유감

백수 첫날
정년퇴임이라 등을 돌리는 일상에게
나도 힐끗거리며 걸음을 돌려
낌새나마 느껴보는 날

남들은 손을 털었다 말하지만
한낮 괜스레 몸이 분주하다.

마음은 아주 느긋하게
저 혼자 굴러가고
지나치던 동네 어귀 여기저기
기웃거리는 여유

널려 있는 시간과 조우하여
무엇 참견할 거리가 쏟아지는 듯
세상이 참 별나게 다름을
새삼 주물러도 보고

자유로구나.
나는 자유롭구나.
가슴 한편 만나는 허허로움을
또 하나의 일상인 양 쓰다듬어
벽돌 한 장 빚어 올리듯
낯선 하루

숨소리마저 햇살 가득 바람결에
빈손 치고 가는 한낮.

새해 아침

속살이 에이거나 말거나
새해 아침은
생경한 얼굴,
햇살을 밟고 온다.

언제부터인가 우리 뿌리가 흔들리고
모르는 순간들이 훑고 간 자리
그래도 한구석 소망을 안고
머리 조아리고 가슴 쓸어 담고
손, 발. 머리, 몸뚱이, 사타구니 다스리고
아침이 아침다운 숟가락을 든다.

떠나간 것이든 남은 것이든
만만히 넉넉한 아침
새해 첫술은 아름답다.

들판에서든, 산록에서든, 도시의 안타까운 옥상에서든
물줄기, 시내, 강, 바다, 어깨 위에
꿈길을 가듯

새해 아침은
온갖 속살을 감돌아
도란거리며

그렇게 산다.

정 지 용

경기중 · 고등학교, 성균관대학교 국어국문학과 졸업. 《다시올문학》 등단. 시집 『계절의 초상』, susanin@nate.com

슬픔 외 2편

조 영 환

세상에서 가장 무거운 물은
북극 바다 빙산에 몸 부딪쳐
바닥으로 곤두박질하는 물이다.
천 길바닥에 쪼그려 앉은 물이다.
캄캄하게 앉은뱅이가 된 물이다.
그리하여 내 등을 미는 것은 언제나 슬픔
슬픔만이 슬픔에게 탁발托鉢할 수 있거니
혜초가 연기 오르는 마을에서
슬픔을 탁발하지 않았다면
어찌 부처의 나라에 닿을 수 있었으랴.
어찌 부처를 안고 돌아올 수 있었으랴.

운주사雲住寺

천불천탑 운주사는
허랑한 구름 속에 있지 않았다.
요사채 툇마루에서
말갛게 별을 올려다보거나
추녀 끝 풍경소리에
새 귀를 여는 노스님도 없었다.
쥔장 없는 절집 온 사방이 무럭무럭
뜨건 김이 오르는 시꺼먼 보리 개떡이었다.
별과 별 사이를 겅중겅중 건너뛰는
검은 소가 푸짐하게 똥 싸놓으신 떡집이었다.
보릿고개 넘는 사람들에게
제 몸 선뜻 떼어 먹이는 보리 개떡 둥덩산이었다.
저 지지리 못난 부처들을 보라.
그대에게 코 떼어준 부처, 얼굴 내어준 부처
하반신을 통째로 내어준 부처
다 내어주고 몸 희미해진 부처
절벽 아래 오종종하게 모여
한 번 더 뜨시게 몸을 데운다.
무지개떡이 된 부부와불도 있다.
나란히 산마루 너럭바위 안으로 들어가서는
누운 채로 천 년을 까맣게 잊은 부처가 있다.
진다홍으로 물든 개복숭아꽃
그 머리맡에서 몸 외로 꼬고 열반에 든

개심사開心寺에서

꽃을 피우려 길을 가는 것은 아니더군
그저 길을 가다 목적 없는 꽃을
목적 없이 피우는 거지
그렇게 어떤 이는 삼매의
길에서 깨달음을 얻고
개심사 오백 살도 더 먹은 겹벚나무는
제 자리에서 수천수만 캄캄한 눈비를 건너
어느 결엔가 꽃을 피우지
길의 끝에는 언제나 벼랑이 있고
벼랑의 너머에는 허공이 있고
간혹 허공을 제집 삼은 자가 있는 것
온몸에 얼룩덜룩 검버섯 이끼를 두르고
아이 주먹만 한 꽃송이를
온몸에 피우고 섰는
세월 잊은 겹벚나무들
자궁을 제 집 삼은 할망구들
깨달음을 얻는 것도 꽃을 피우는 것도
길 위에서 홀연히 스스로를 다시 낳는 거지

조영환

시인. 문학평론가. 동국대학교 국문과 졸업. 2009년 《다시올문학》 시 등단. 《다시올문학》 편집위원 현 숭실고등학교 교사.

마지막 여행 외 2편

최 명 심

시린 문턱을 넘어 겨울이 왔습니다
낡은 책상 서랍에 몇 줄의 마음을 남기고 떠나온 여행길
돌아보니 입김 하얗게 지나온 발걸음은
길이 어두워 이제 보이지 않습니다

길게 늘어진 신작로 푯말 없는 정류장
무심한 눈빛 둘 데 없어 하늘을 보면
어둠 속에 한 사람 허위허위 달려와
서두르듯 다시 돌아섭니다

수없이 무릎 꿇었던
간절한 기도는 어디론가 사라졌습니다
공피증을 앓던 당신은
썩어가는 손발의 통증으로 혼절을 거듭해도
소망을 안고 한 움큼의 알약을 털어 넣으며
하루하루 버티었습니다

당신과 마지막 왔던 숲으로 열두 번의 겨울이 지나가고
무릎 아래 나무들이 어느새 훌쩍 자라
무성한 숲은 소복처럼 하얀 옷을 입고 서 있습니다

손때 묻은 이름을 부르면
배고픈 산새의 울음만 되돌아오고
발자국 네 개 따라오던 숲길에는
이제 두 개의 발자국만 따라옵니다

당신이 바라보았던 간절한 십자가는
지금 눈발에 젖고 있습니다
앞서가던 바람은 새벽 기차로 떠나고
안개를 앞세운 무릉산은 다시 마을로 내려옵니다.

바람의 언덕

이곳은 거제도 바람의 간이역
금세 떠나갈 바람들이 모여든다
가파른 계단이 발목을 잡는 사이
바람이 등을 밀치고 먼저 언덕을 오른다
햇살이 쓰러진 억새를 일으키는 순간
드러나는 바람의 본색
언덕 위에 널브러진 이야기를 날려버린다

이곳에 터를 잡은 건 키 낮은 나무들뿐
스물여섯 뼛가루 날린 언덕에
동생을 떠나보낸 누이
시비詩碑에 그리움을 남겼다
풍랑에 밀려와 바위에 부서지는 너울 파도
언덕을 오르지 못하고 마지막 말인 듯
툭, 동백이 떨어진다.

바람의 언덕을 떠나지 못해
다시 바람으로 불어오는 너
숨소리조차 내지 않고 요동을 친다

겨울 아침

시린 새벽이 고개를 움츠린다
지난밤 쌓인 눈의 무게를 견디지 못한
비닐하우스가 한쪽으로 기울어있다

산허리에 걸린 안개가 서서히 흩어지고
가지 끝에 바람이 놀고 있다
수양버들 가지 늘어진 호숫가엔 살얼음이 머물고
무리 진 갈대가 핼쑥하다
눈밭에 찍힌 발자국
한 마리의 까치가 홀로 먼 길을 걸어갔다

가슴 속에 아린 뭉치들이
서걱서걱 눈에 밟히는 새벽
버려진 새끼고양이,
응달에 쌓인 눈에 앉아 애처롭게 울고 있다

최 명 심
부천여성문학회 회장역임
2007년 《다시올문학》 작품활동, 다시올문학 기획이사
proseis@naver.com

시샘 외 2편

최 창 순

밭 가장자리에
어린 배나무 삼 형제를
양자로 입양했다

칠 년 만에
어른이 된 나무,

봄이 오자
새하얀 웃음소리 가지마다
수북수북 쌓였다

나와 아내 넋이 나가
쳐다볼 뿐이다

봄여름 내내
벌 나비 불러들이더니
가지마다 어린아이 눈빛이 빛난다

벚나무도
당황한 듯 밤새도록
흰 꽃잎 날려 보내고 있다

동백꽃

사방이 검푸른 바다로
포위당한 오동도,

갯바람이 거친 물보라를 일으키며
바위를 후려친다

거센 파도에 살점 뜯긴
크고 작은 바위들 짐승을 닮았다

억겁億劫의 세월
묵묵히 받아준 고통의 흔적이다

돌 틈바구니에서
어제와 다름없이 붉게 물든
아픔으로 오동도를 보듬고 있는,
억센 듯 가녀린 저 동백

갯벌을 헤치며 모질게 살아온
어머니 모습이다

시골버스

용문에서 홍천 가는 시내버스
산모롱이를 힘겹게 기어간다

늙은 버스다
옷은 낡아 칠이 벗겨지고
덧칠한 곳도 있다

중간중간 버스 정류장에서
힘겹게 차에 오르는 할아버지 할머니
모두 허리가 굽었다

차비가 모자라도 그냥 태워주는
인심 좋은 버스

세월이 스쳐 간 자리가 아스름히
밀려오는 얼굴엔
선한 웃음이 깃들었다

자리에 앉을 때까지 기다리는 기사도
늙었다

평생 흙을 파며 살아온 사람들
외지에 나간 자식들 걱정이
버스 안에 가득 찬다

최 창 순

2009년 계간 《다시올문학》 등단, 대통령 근정포장. 서울시장 표창. 내무부장관상., 서울지방경찰청장 표창. 시집 『아내와 그네』, chsunch@hanmail.net

꿈에 어머니 다녀가시다 외 1편

최 혜 영

바람 소리에 잠이 깼습니다
집안이 텅 비어 있습니다
꿈길에서 늘 뒷모습으로만 다녀가시는 분
혼자 어스름 달빛 아래 먼 길 내다보며
하루해가 너무 빠르다고 하셨지
돋보기안경 속으로
가족사진을 들여다보시며
인생 더 길어 봐야 또 어쩌겠냐 하셨지
빈집을 홀로 지키시던 어머니

흩어졌던 자식들 모이면
물빛 웃음 활짝 피우시던
당신은
수련 가득한 연못이었습니다
언제나 내 안의 그리움으로
내 삶에 동이 트는 아침!
꿈길에도 걱정하는 어머니께
나는 내내 무심한 죄인입니다.
그 선한 뒷모습에 인사 올립니다.

거리시장

낯선 청년이 트럭에 야채를 싣고
아파트 한 귀퉁이에서 장사를 한다.
관리인의 눈을 피해 마이크도 없이
농약도 덜 치고 직접 키운 거라며
값을 말할 때도 어색하기만 하다.
지나던 주부들이 야채 단을 뒤집으며
큰 묶음을 고르고 가격을 깎고
흥정을 하며 고개를 갸웃댄다.
도심의 계산법에 머쓱해진 청년,
푸석한 웃음으로 서 있다.
그는 아예 싣고 돌아갈 생각을 하는지
치솟은 기름값을 걱정하는지
야채를 주섬주섬 다시 올려놓는다.
배추 한 포기에 열무 한 단 얹어 주어도
그 흔한 테이크아웃 커피 한잔 값이다
목수건에 땀을 닦는 청년은 떨이를 준비하고
쉰 목소리로 허전한 현실을 수금하고 있다.
부슬부슬 가을비가 내리고
길 건너 커다란 당구장 입간판 뒤
흘깃대며 담배를 피워 문 십대 몇, 길게
아파트 귀퉁이 청년의 푸른 트럭을 쳐다본다.

휴면 메일

주인 떠나간 오래된 정원
모르는 잡풀 더미 엉켜있다.
그는 언제 다녀갔을까
체온이 식어있는 곳

그리움의 두께가 얹혀있는 메일마다
나의 입술도 말라있다
지우러 들어가서 다시 발자국 남기고
돌아 나오는 나는
아직 이사를 하지 못한다

손끝 전율로 다가가던 아이디, 패스워드
그 속에서 잠이 들고 잠이 깨던 날
차디찬 얼굴로 나를 보고 있어도

그의 웃음이 젖어있는 내 빨간 구두
노란 우산은 그대로인데 단지,
기척 하듯 나를 올려다볼 뿐
모두가 낯설다

최 혜 영

2009년 《다시올문학》 신인상, 수리샘문학회 동인,

hye8268@hanmail.net

전망동인

수필

김정윤_
가끔씩 내가 싫어지는 이유

최용호_
글쟁이의 활동을 시작하며

소설

유희봉_
일타홍 一朶紅

가끔씩 내가 싫어지는 이유

김 정 윤

나는 지금까지 자랑스러운 내 뿌리와 조상님이 지어주신 이름을 무척 귀하게 여기며 살아왔다. 하지만 내가 생각해도 나 자신이 너무나 싫어질 때가 있다. 아니, 단순히 싫은 것이 아니라 몹시 미워질 때가 있다. 그 이유 중의 하나는 욱하는 내 성질머리다. 잘 나가다가도 내 생각이 아니다 싶으면 확 뒤집어엎는 것이다. 황혼의 나이가 되었으니 이제는 눈에 좀 거슬려도 참을 나이가 되었건만, 아직도 다혈질적으로 혈기를 부릴 때가 있다.

나는 운전을 하다가 담배꽁초를 창밖으로 휙 던져버리는 인간들을 보면 그 차를 따라잡아 창문을 열고 소리를 지르며 잘못을 상기시켜 주어야 직성이 풀린다. 하지만 잘못을 저지른 인간일수록 반성은커녕 오히려 적반하장으로 "당신이 뭐냐?"며 험상궂은 얼굴로 욕을 하며 덤빈다. 그러면 나는 당장 소리를 친다. "이 사람아! 자네 같은 사람들이 있어서 환경이 오염되고, 잘못을 모르는 금수 같은 세상이 된 거야. 자네 같은 인간들 때문에 강원도 고성에 산불이 나서 금수강산이 초토화되고, 우리의 보물인 낙산사가 전소되었단 말이다!"

하지만 이런 말을 하면 웃으면서 알았다고 하는 사람은 단 한 사람도 없다. 곧 거친 욕설이 오가고 사태는 걷잡을 수 없이 번지고 만다. 결국 "너, 좀 내려!" 어쩌고 하다 보면 멱살잡이까지 하게 되고, 길바닥에서 난투극을 벌이게 된다. 설상가상으로 지나가던 사람들은 싸움의 전말을 모르다 보니 길바닥에서 싸움질하는 두 사람 모두에게 욕을 하게 되고 결국 나만 망신을 당하는 꼴이 되는 것이다.

담배꽁초를 버리든, 가래침을 뱉든 봐도 못 본 척하면 그만인데 왜 혈압을 올려가며 소리치고 싸우는 것인지 나 자신도 이해할 수가 없다. 인간사회의 도덕과 도리를 모르는 인간들은 잘못을 지적한다고 해서 의식 수준이 쉽게 바뀌지 않는다. 아니, 조금이라도 인간의 도리를 아는 인간들이라면 애초에 싸움까지 끌고 가지도 않는다. 그런 것을 뻔히 알고 있으면서도 꼴 보기 싫은 상황을 보면 참지 못하는 내가 정말 싫다.

어느 해 추석 무렵이었다. 퇴근길에 아파트로 막 들어서려고 골목길로 접어들었는데 좁디좁은 골목 중앙에 차 한 대가 버티고 서 있는 것이었다. 자세히 보니 운전자가 연락처도 남기지 않고 자리를 비운 것이었다. 삽시간에 골목길은 차량으로 메워졌다. 여기저기서 빵빵거리며 클랙슨을 울려대고 난리가 났다. 하지만 아무리 기다려도 차량 주인은 코빼기도 보이지 않았다. 결국, 사람들의 짜증이 극에 달했을 즈음, 차량 주인이 아이스크림을 먹으며 어슬렁어슬렁 걸어왔다. 아마도 가게에서 태연하게 아이스크림을 사서 먹고 있다가 자동차 경적을 들은 모양이었다. 나는 당연히 그가 미안하다고 사과하면서 얼른 차를 뺄 줄 알았다. 그런데 이게 웬일인가? 사과는커녕 다짜고짜 험악한 표정으로 도리어 쌍욕을 하는 게 아닌가?

"어떤 놈이야? 시끄럽게……. 좀 기다린다고 하늘이 무너져?"

참으로 적반하장도 유분수가 아닐 수 없었다. 그러자 내 앞에 있던 차량의 운전자가 차에서 내리더니 큰 싸움으로 번지고 말았다. 멱살잡이하고 치고받는 둥, 상황은 그야말로 걷잡을 수 없을 정도가 되었다. 마침내 함께 탔던 부인이 보다 못해 차에서 내려 남편의 편을 들었다. 그런데 금수만도 못한 인간이 젊은 부인에게 욕을 해대기 시작했다. 그 인간의 입에서 나온 욕은 지금까지 내가 살면서 한 번도 들어보지 못했던 욕이었다. 차마 입에 담기도 민망한 심한 욕설을 듣던 나는 순간적으로 이성을 잃고 말았다.

나는 손에 잡히는 대로 뭔가를 집어서 금수만도 못한 인간의 머리통을 내려쳤다. 그러자 그 몹쓸 인간은 머리통이 피범벅이 되어 쓰러지고 말았다. 그야말로 아주 순식간에 일어난 일이었다. 잠시 후, 경찰차가 오는가 싶더니 곧이어 앰뷸런스가 도착했다. 아주 큰 소동이 일어난 것이다. 그 일로 인해 나는 파출소에서 조사를 받고 치료비도 물어주었다. 순간적으로 욱하는 성격 때문에 톡톡한 대가를 치러야 했다.

지금에서야 말이지만 나는 왜 남의 일까지 끼어들어 혈기를 부리는지 정말 알 수가 없다. 하지만 치료비를 물고, 벌금을 낼지라도 불의를 보고도 못 본 체는 하는 것은 더더욱 싫다. 지금까지 살면서 이런 일로 말썽을 일으킨 것들이 부지기수이다 보니 참다못한 아내가 어느 날은 이렇게 신신당부를 했다.

"제발 욱하는 성질 좀 버리세요. 만약 그 고약한 놈들이 당신을 해하거나 심한 욕지거리라도 하면 억울해서 당신이 살 수 있겠어요? 이제 당신은 싸울 위치에 있는 것도 아니고, 그렇다고 힘쓸 나이도 아니에요. 그러니 이제는 참는 수밖에는 없어요."

하지만 아내의 말에 나는 이렇게 대꾸했다.

"아직도 그런 놈들 한두 명쯤 상대할 힘은 남아 있어. 내가 젊었을 때 운동은 괜히 한 줄 알아?" 이렇게 큰소리를 치면서 우쭐거려 보지만 속으로는 나도 이제는 나이가 들었다는 생각을 한다. 하지만 그렇다고 불의를 보고도 못 본 척해야 한단 말인가. 아니면 나 자신을 바꾸지 않으면 안 되는 세상이니 수긍하고 살아야 한단 말인가?

그리고 내가 나를 싫어하는 이유가 또 하나 있다. 다름 아닌 우유부단한 내 성격이다. 남들은 내가 끊고 맺는 일을 잘한다고들 한다. 어떻게 보면 그런 것 같기도 하다. 초등학교를 졸업하고 농사일만 하던 내가 어느 날 고등학교 입학 자격 검정고시에 합격한 것도 그만큼 결심이 확고했기 때문이었다. 그리고 근 20여 년간 즐겨 피우던 담배를 아이들 앞에서 맹세하고 하루아침에 끊고 난 후, 지금까지 전혀 담배 생각은 하지 않는다. 어디 그뿐이랴. 체중을 줄이기로 결심하고 2개월 만에 12kg을 뺀 적도 있다. 그처럼 나는 나와의 싸움에서는 한 번도 져 본 적이 없다.

하지만 나의 맹점은 유난히 인정에 약하다는 것이다.

나와의 싸움에서는 강하면서 타인의 부탁은 거절을 못 한다. 그것이야말로 내가 가진 가장 큰 약점이다. 나는 내가 싫은 일도 남이 부탁하면 들어준다. 한 예로 절대 보증을 서면 안 된다고 어머니께 귀가 아프도록 들었으면서도, 이해관계도 없는 사람에게 덜렁 보증을 서 주고 25평 아파트 3채(당시 25평 아파트값이 5,000만 원인데 1억8,000만 원을 대한 보증보험에 갚아 주었다) 값을 날린 적이 있었다. 그 타격이 너무 심해서 쓰러져 병원에 입원 한 적도 있었다. 아마도 그때 내가 보증을 서 주지 않았더라면 평생 먹고도 남을 재산을 모았을 것이다.

찾아와 부탁하는 사람에게는 거절을 못 하는 이런 천치가 세상에 또 있을까? 속으로는 결코 보증을 서지 않겠다고 다짐하면서도 어느새 내 손은 도장을 찍어준다. 굳은 결심과 달리 내 마음을 통제하지 못하는 것이다.

어느 날인가는 친구가 찾아와 카드를 만들어야 하는데 자기 주위에는 보증을 설 만한 사람이 없으니 연대보증을 서달라고 부탁을 하는 것이었다. 그 당시는 아무나 카드를 가질 수 없는 때여서 반드시 보증인이 필요했다. 이때도 나는 '보증을 서지 말라' 는 마음의 소리를 저버리고 선뜻 보증서에 도장을 찍고는 스스로의 행동에 놀란 적이 있다. 그 후 나는 보증을 서 준 죄로 친구가 카드빚을 못 갚게 되었을 때 대신 갚아 준 적이 한두 번이 아니었다.

그뿐만이 아니다. 내가 몸담고 있던 회사에서 신용대출을 한다며 연대보증을 서달라고 부탁한 적이 있었다. 나는 밤새 고민을 하다가 절대 보증을 서지 않겠다고 다짐을 했는데도 불구하고 정작 다음날이 되자 보증서에 도장을 찍어 주고 말았다. 옛말에도 보증이나 동업은 절대 하는 것이 아니라고 했다. 그 말처럼 보증을 서 준다고 해서 나에게 이익이 되는 것은 아무것도 없었다. 그것을 뻔히 알면서도 위험을 무릅쓰고 도장을 찍어 주는 나를 이해할 수가 없다. 항상 마음속으로는 그러지 않겠다고 다짐하지만, 오늘이라도 가까운 친지가 와서 부탁하면 또 도장을 찍어 줄 것 같다.

보증으로 인해 내 인생을 절망의 구렁텅이에 밀어 넣었던 또 한 친구가 있다. 그 친구와 나의 사이를 알고 있는 사람들은 그 친구를 다시는 만나지 말라고 만류한다. 그러나 나는 그가 찾아오면 밥도 사주고 불쌍한 처지를 듣고는 용돈까지 쥐여준다. 이 친구야말로 평생 나를 괴롭히고 손해만 끼치고 있는데도 아직 그 악연을 끊지 못하고 인연의 줄을 잇고 있는 것이다. 하지만 더 기가 막힌 것은 그 친구의 불쌍한 모습을 보면서 '내가 도울 일이 없나?'하고 살펴보는 나의 태도이다. 나에게 손해를 끼쳤던 일은 어느 순간 까맣게 잊고 금세 동정모드가 되는 것이다.

그 밖에도 가까운 친지나 친구들이 나에게 취직이나 사람을 소개해 달라고 부탁하면 내 능력 밖인 것을 뻔히 알면서도 선뜻 승낙을 한다. 그리고 그 말을 실행에 옮기려고 많은 사람에게 부탁하고 신세를 지면서 정작 나 스스로에게는 화를 낸다. "안 돼! 아니, 나는 못하는데……." 이 말 한마디면 그만인 것을 사서 걱정하고 고민하는 것이다. 친구가 돈을 빌려 달라고 하면 "요즘은 형편이 어려워!"하고 말하면 되는 것을 어느새 입으로는 "알았어."라고 대답하고 있으니 내가 생각해도 한심하기 짝이 없다.

과거 우리 할머니는 일제강점기 당시 보험을 들어 많은 손해를 보았다고 한다. 그래서인지 할머니는 나에게 "정윤아! 너는 절대로 보험 같은 것은 들지 말거라."라고 하셨다. 그러나 고향 친구나 후배들이 찾아와 간곡히 부탁하면 딱 잘라서 거절을 못 하고 "응, 알았어."하며 가입을 한다. 그때 차라리 현금으로 몇 백만 원 손에 쥐여 주었더라면 고맙다는 인사도 듣고 나도 생색이나 났을 것이다. 하지만 마음은 그렇지 않으면서 보험을 들어 주고 나서 손해를 많이 봤다.

그런 내 자신이 아무리 생각해도 너무 미워서 견딜 수가 없다. 그렇다고 그들이 내가 손해 본 것을 알아주기나 하겠는가? 그럼에도 불구하고 도대체 왜 나는 그토록 못난 짓을 하는 것일까? 왜 그렇게 치명적인 손해를 입으면서까지 그 버릇을 고치지 못하는 것일까?

하지만 이렇듯 치명적인 성격을 갖고 태어났으면서도 지금까지 고치려고 애쓰거나 노력한 적은 없다. 그 못된 성질과 성격이 오히려 장점이 될 수도 있다고 스스로에게 변명을 하며 살아왔다. 물론 그렇게 한다고 해서 그동안 내가 본 손해를 보상받는 것은 아니지만, 조금이라도 마음이 편해지기 위해 내 자신을 스스로 위로하며 살아온 것이다.

사실 가끔 거울에 비친 내 모습을 보면 어리석은 내가 사랑스러워질 때가 있다. 지금까지 못난 짓만 한 것이 밉기도 하지만 한편으로는 자랑스럽기도 해서 부모님이 물려주신 내 얼굴을 쓰다듬으며 나 스스로에게 귀하다는 말을 건네기도 한다. 시골 촌놈이 이만큼 살게 된 것도 어쩌면 내가 세상을 순수하게 산 덕분이 아닐까 애써 자부심을 가지기도 한다.

잘못된 것을 보면 쉽게 지나치지 못하는 성격, 나의 도움이 필요해서 찾아오면 단호히 거절하지 못하는 성격은 아마도 내가 사는 동안 쉽게 고쳐지지는 않을 것이다. 물론 앞으로 가족들을 생각해서라도 도에 넘치는 것들은 고쳐나갈 생각이지만, 근본적으로 내재된 의리와 정의는 내가 죽는 날까지 그대로 가져갈 것 같다.

우리 속담에 '맑은 물에는 고기가 살지 않는다.'란 말이 있다. 즉, 물도 너무 지나치게 맑으면 고기가 꼬이지 않듯이 사람도 너무 맑으면 주변에 사람이 붙지 않는다는 말이다. 나는 그 이치를 잘 알고 있다. 그래서 나를 힘들게 하고 손해를 끼친 사람들을 더는 원망하지는 않는다. 그런 사람들이 있기에 내 곁에서 나를 도와주는 수호천사 같은 우군들이 더 많아질 것을 믿어 의심치 않기 때문이다.

김 정 윤

2011년 《다시올문학》 수필등단, 사)동북아 문화교류협회 회장, (미)프레스턴대학교 석좌교수, 저서 『믿음의 땅에서 디아스포라 까지』 외 1권, 자서전 『삼밭의 쑥』 1. 2 권,

jeong yoonk @hanmail.net

글쟁이의 활동을 시작하며

최 용 호

2014년 수필가로 등단 된 지 올해로 4년이 되어 가고 있다. 글을 만드는데 소질이 있다며 주변에서 추천하여준 결과였다. 수필가로 등단하면 세상이 나를 우러러 볼 줄 알았지만 그렇지는 않았다. 100여 권에 이르는 책을 처분하기에 바빴고 몇 달에 걸쳐 책을 정리하고 나니 왠지 모를 허탈감에 사로잡혔다.

그중에도 여러 가지 이유가 있겠지만 100여 권의 책을 사주고 수필가가 되었다는 것이 가장 큰 허탈감으로 자리했다.

이후 1년여 정도는 글을 만들지 못했다.

글을 쓴다는 것에 책임감을 느낀 것이다. 수필 몇 자 쓰면서 무슨 책임감이냐 하겠지만 나 자신은 엄청난 중압감에 시달렸다. 몇 년을 허송세월 보내고 있으니 주변 지인들이 한 마디씩 건네기 시작했다. "왜 이제 글을 읽을 수가 없느냐"는 것이었다. 나름 변명 아닌 변명을 해야 했다.

"목공 일을 하다 보니 바빠서"라고 이렇게 시간을 흘려보내고 지냈는데, 서귀포시 장애인 종합 복지관에서 시민

기자를 모집한다는 공고가 나왔다.

원고지가 많이 사용되는 수필보다는 스트레이트 기사를 작성하는 것이 편할 것이라는 생각으로 지원을 했는데, 이것 역시 만만치는 않았다.

취재할 때 인터뷰를 하다보면 당사자의 눈치를 보며 질문을 건네야 했고 그분이 이야기한 내용을 될 수 있으면 좋은 언어로 정제해 순화시켜야 했다. 또한, 취재한 기사를 바쁜 일정을 핑계로 대충 작성하여 올리면 언론 멘토님의 호된 잔소리를 들어야 했다.

2년여 간 시민기자 활동을 하다 보니 그동안 녹슬었던 글의 맵시나 감각이 다시 살아나는 느낌이 들었다. 시민기자 활동 2년을 보내고 올해로 3년 차가 되고 있다. 좀 더 심층 있는 기사와 일상생활의 에피소드나 일화를 알찬 수필로 표현하고 싶다.

최용호

2010년 계간 《다시올문학》 수필 등단. 서귀포시 도민공방 운영. choiy2320@daum.net

일타홍一朶紅

유 희 봉

수일 동안 장마가 계속되던 날씨도 어느덧 먹구름이 거치고 하늘에는 하얀 구름이 뭉실뭉실 떠 있다. 그리고 관악산의 푸른 숲은 더없이 싱그러운 빛을 발하여 길을 가는 선비들은 저마다 신이 나는 듯 이야기를 주고받으며 걸음을 재촉하고 있었다.

이때 14~5세쯤 보이는 소년 하나가 선비들의 이야기를 들으며 뒤를 따르고 있었다. 그는 언제나 할 일 없이 이곳 저곳을 다니다가 사람들이 모인 곳이나 잔칫집이 있는 곳을 가서 하루 내내 놀다가 집으로 돌아오곤 하였다. 그도 오늘은 신이 나서 나는 듯 발걸음이 빨랐다. 그것은 선비들이 고관집 잔치에 간다는 말을 들었기 때문이다. 그는 심희수란 소년이었다. 그는 일찍 아버지를 잃고 편모슬하에서 자라며 다른 아이들처럼 공부도 하지 않고 지냈다. 그가 머리를 딴 후에는 오로지 호탕한 생활을 즐기어 기생집을 드나들거나 공자公子, 왕손王孫들의 잔치에 불청객으로 참여하였고 가희佳姬, 무동舞童들의 모임에도 빠짐없이 참여하였다. 그는 머리가 쑥대 꽃처럼 엉성하게 헝클어지고 신과 옷이 떨어져도 조금도 부끄러워하지 않았으므로 사람들은 그를 광동狂童이라고 하였다.

심희수는 오늘도 그 고관집 잔치에 참여하여 울긋불긋 차려입은 기생들 사이에서 그들의 재치있는 이야기를 듣고 있으면서 선비들이 그를 꾸짖고 침을 뱉어도 돌아보지 않고 있었다. 이때 그 기생 가운데는 어여쁜 일타홍이란 명기名妓가 있었다. 그는 금산錦山출신 기생으로 용모와 가무가 당대에 제일이었다. 심희수는 그녀의 명성을 사모하여 그녀와 가까운 자리에 앉아 있었으나 일타홍은 조금도 싫어하지 않고 수시로 그에게 눈빛을 보내며 그의 동정을 살피고 있었다. 심희수는 다른 기생들이 노래를 부르고 춤을 추어도 그들을 보지 않고 일타홍의얼굴만 보고 있었다. 정말 천하 제일가는 미인이었다. 그녀의 동작 하나하나가 요조숙녀처럼 품위가 있고 말을 할 때에는 그 음성까지도 유리 위에 옥을 굴리듯 낭랑한목소리가 귀를 울리었다. 심 희수는 가슴이 설레이기 시작했다. 일타홍도 그를 자주 보면서 미소를 보내고 무슨 말을 할 듯 애정 어린 표정까지 보였다. 심 희수는 그녀의 곁에 한 발자국 더 가까이 가서 앉아 있었다. 이때 그는 옆에 있던 어떤 고관으로부터 호된 꾸지람을 듣고 그 자리에서 일어나 마당 한 쪽으로 가 있었다. 그는 얼굴이 홍당무처럼 붉어져 갑자기 정신이 몽롱해졌다. 일타홍도 이런 광경을 보고 한편 당황한 모습이었으나 잠시 후 마음을 진정하여 심 희수를 살짝 보고는 자리에서 일어나 화장실을 가는척하면서 마당으로 걸어 나와 심희수에게 손짓하였다. 그는 좌우 사람들을 둘러보다가 일타홍을 따라 화장실 뒤쪽으로 갔다. 일타홍은 그를 보고 귀에다 속삭였다.

"도련님의 집은 어디에 있습니까?"라고 물었다. 심희수는 위치를 자세하게 설명해 주었다.

"도련님은 먼저 가서 기다리십시오. 저는 즉시 뒤를 따라가겠습니다. 꼭 가셔서 기다리십시오. 저는 신의를 잃지 않겠습니다."

심희수는 매우 기뻐하였으나 기대 이상의 호의를 받아 자신을 쫓는 수단이 아닌가 하고 일타홍을 의심하였다. 그러나 그녀가 시키는 데로 하지 않을 수 없어 집으로 돌아가 청소를 깨끗하게 해놓고 일타홍을 기다리고 있었다. 해가 질 무렵 일타홍은 약속대로 와주었다.

심희수는 매우 기뻐하며 일타홍의 손을 잡고 말했다.

"정말 와 주어 고맙소 일타홍!"

그녀도 심희수의 말이 끝나자 "도련님 저를 못 믿으세요? 저는 도련님이 가신 후 촌각寸刻이 삼추三秋같이 느껴졌습니다."

"정말이오? 일타홍! 꿈만 같소"

"도련님은 정말 잘생기시어 제가 본 남자 중에서 가장 훌륭한 분입니다."

심희수는 주위를 돌아보고 "어서 내 방으로 들어가요" 라고 하며 일타홍의 손을 끌어당기었다. 이때 한 동비童婢가 내실에서 나와 그들을 지켜보다가 내실로 다시 들어가려고 했다. 일타홍은 순간 저 어린 노비가 내실로 들어가서 심희수의 어머니에게 자신들의 일을 말할 것이 뻔하다고 느꼈다. 그렇게 되면 심희수는 질책을 받게 되고 그녀 자신도 난처한 처지가 될 것으로 생각되었다. 일타홍은 심희수의 손을 서서히 끌어내리며"안 돼요" 라고 말한 후 그 동비를 오라고 손짓을 했다. 그 어린 노비는 이상하다는 듯이 잠시 머뭇거리다가 두 사람을 번갈아 보며 서서히 걸어와 일타홍을 바라보고서 있었다.

일타홍은 웃음을 활짝 지어 보이며 "내가 내실로 들어가서 대부인大夫人을 뵈옵고 말씀드리겠으니 네가 이 말을 전해라"

그 동비는 굳어진 얼굴을 풀며 말한다.

"네 그러하겠습니다."라고 말하고는 그 어린 여자 노비는 내실로 들어갔다. 그 아이는 내실에서 나와 들어오라는 표시로 머리를 두어 번 끄덕이고 뜨락으로 내려와 부엌 쪽으로 사라졌다. 일타홍은 심희수를 향해 내실로 갔다 오겠다는 눈짓을 했다. 심희수는 말 대신 그녀를 바라만 보고 있었다. 자신이 어떻게 해야 할 줄을 잃고 있었다. 다만 그녀가 하는 대로 보고만 있을 따름이었다. 일타홍은 옷차림을 한번 살펴보고 사뿐사뿐 걸어서 내실 문 앞에 이르러 가벼운 기침 소리를 내었다. 이때 내실 문이 살며시 열리더니 심희수의 어머니가 마루로 나오고 있었다.

일타홍은 뜨락 밑에서 손을 이마에 얹고 큰절을 올린다.

"천첩은 금산에서 올라온 기생으로 이름은 일타홍이라고 하옵니다. 오늘 모 재상 집 잔치에 왔다가 귀댁의 공자公子를 보았습니다. 다른 사람들은 공자를 보고 광동狂童이라고 하지만 이 천첩이 볼 때는 장차 큰 귀인이 될 기상을 갖추고 있습니다. 그러나 그 기상이 너무 거칠어서 호색한 중에 끌린 귀신과도 같습니다. 지금 만일 그 거친 기상을 억제하지 못하면 장차 사람 노릇을 못할 것이니 그 형세를 따라 이롭게 인도해야 할 것입니다. 그러므로 오늘부터 천첩이 공자를 위하여 가무나 즐기던 화류장花柳場에 발을 끊고 공자와 함께 글씨도 쓰고 책을 보면서 도련님이 성공할 날을 기다릴까 합니다만 대부인의 뜻이 어떨지 모르겠습니다. 첩이 만일 정욕으로 이런 말씀을 올린다면 어찌 집안이 가난한 과부집 광동狂童을 택하겠습니까? 첩이 비록 옆에서 모시고 있더라도 결코 마음대로 정욕을 부리어 몸이 상하게는 안할 것이니 이 점은 염려하지 마시기 바라옵니다."

"유 박사님, 그런 일이 현대 사회에서도 적용될까요?"

안수만 금토원 회장의 질문이다.

"예, 현 사회에도 있을 수 있는 이야기입니다."

"유 선배님, 제 친구 중에서도 이 허수란 정치인이 있었지요. 세상에 한을 품고 방황하다가 요정에서 김옥희란 여인을 만났는데 그녀는 누구보다 정숙하고 시와 그림에 출중했지요. 그 여인은 황진이를 닮았다고 할까요? 친구, 이 허수의 아버지는 제헌 국회의원을 지낸 분으로 청빈한 가풍을 세웠습니다."

김성종 사장이 흥미롭게 친구 이야기를 했다

"유 박사님 일타홍 나머지 이야기를 해 주세요 궁금합니다."

임미희 아나베 사장이 재촉했다.

"역시 동서고금에 사랑 이야기는 영원한 소설재료이군요. 그다음 이야기를 하겠습니다."

일타홍의 말은 조리가 있고 목소리도 낭랑하였다. 부인은 그의 말을 듣고 잠시 침묵을 지키다가 "우리아이가 일찍 아버지를 잃은 후 글공부도 하지 않고 오로지 방탕한 생활을 하므로 이 늙은 몸이 어떻게 제지할 수가 없어 주야로 걱정이 태산 같더니 오늘 무슨 좋은 바람이 불었는지 너 같은 미인이 우리 집을 찾아왔는지 모르겠다. 만일 우리 아이로 하여금 성공하게 한다면 그보다 더 큰 은혜가 없을 것이니 내가 어찌 너를 의심하겠느냐? 그러나 우리 집은 본래 가난하여 조석으로 밥을 먹기도 어려운데 너같이 호화롭게 사는 기생이 그 춥고 배고픈 것을 참아가며 이곳에 있을지 모르겠다."

일타홍은 내심 기뻐하며 "그것은 조금도 걱정할 것이 없사오니 만에 하나라도 염려하지마시기 바라옵니다."라고 하였다. 이날부터 청루靑樓에 발을 끊고 심희수 집에 살면서 심희수 머리에 빗질을 해주고 목욕도 시켜주며 보살핌을 조금도 게을리하지 않았다. 그리고 해가 뜨면 심희수에게 책을 주어 이웃집으로 가서 공부를 하게 하였다. 이웃집에는 학문이 높은 선생님 한 분이 살고 있었다. 그리고 심희수가 집으로 돌아오면 책상에 앉아서 공부를 하게 하였다.

일타홍은 조석으로 공부를 하게 하면서 엄하게 일과를 두어 조금이라도 게으름을 피우면 얼굴빛을 변하여 별거하자고 하였다. 그것은 심희수의 마음을 자극하여 공부를 열심히 하게하려는 것이다. 심희수는 그녀를 사랑하면서도 한편으로는 두려워하여 일과를 조금도 게을리 하지 않았다. 그리고 그 후 몇 해가 지나 혼담婚談이 있었지만, 사랑하는 일타홍이 있기 때문에 장가를 들려하지 않았다. 일타홍은 그의 마음을 모를 리가 없다. 그러나 그가 하루는 심희수에게 "왜 장가들지 않으려고 하십니까?" 하자 그는 약간 난처한 기색을 짓다가,

"나에게는 일타홍이 있지 않소?"

다소 쏘아붙이듯이 말했다. 일타홍은 그 말이 듣기 싫지는 않았지만 엄한 기색을 지으며,

"선비 집 공자가 명가의 자제로 태어나 앞길이 만 리 같

은데 어찌 이 천첩으로 인하여 큰 윤리를 저버리려고 합니까? 결코, 첩 때문에 가정을 망하게 할 수도 없다고 생각합니다. 공자께서 만일 이첩 때문에 고집을 부리신다면 지금 바로 이곳을 떠나가겠습니다."

심희수는 더는 일타홍의 마음을 거스를 수가 없어 장가를 들었다. 일타홍은 나이는 어리지만 기생으로는 이미 전국적 이름이 나서 금산錦山에서 서울의 재상집 연회에까지 초대될 정도였다. 그녀는 미모로도 출중하지만, 이미 시詩와 가무로도 한 경지에 올라 있었다.

잠시 선문 교수기 이야기를 중단하고 그곳에 있는 사람들은 선문 교수가 전해준 그녀의 장마란 시 한 수를 펴 보았다.

장마

열흘 긴 장마 개일 기색 없는 하늘빛인 데
고향 그리워 꿈결에 달려갔다 놀라 깨이네.
옛 동네 눈앞에 아른거리는데 길은 먼 천 리
난간에 팔 괴고서 고향 가는 길 헤아려보네.

"선문 교수님, 조선시대 기생은 다 시인이에요?"

권명희 교수가 언짢은 듯이 물었다.

"시나 가무를 잘하는 분들이 많았지요."

"다음 이어지는 일타홍 이야기를 해 주세요."

신금순 사장이 독촉했다.

이러한 일타홍이 심희수를 만나 기생 생활을 청산하고 심희수와 살게 된다. 일타홍은 관상도 잘 보았는데, 심희수의 관상이 재상이 될 관상이었다. 일타홍은 심희수가 글공부에 전념할 것을 요구하였다. 심희수는 공부할 것을 결심하고 아버지의 친구이자 이모부인 노수신의 문하에

들어가 공부를 했다. 놀라운 것은 심희수의 어머니다. 명문가의 자제가 결혼도 전에 기생과 함께 사는 것을 허락했으니, 일타홍의 설득이 아무리 주효했다고 해도 심희수 어머니의 마음이 넓었다. 그리고 심희수는 노수신의 동생의 딸과 결혼을 했다. 심희수가 정실부인과 혼인을 한 뒤에도 심희수는 일타홍만을 사랑했으며, 이에 일타홍은 심희수에게 5일을 주기로 4일은 정실 부인에게 가서 자고 자신과는 하루만 지내기로 약속을 하였으나 일타홍을 너무나 사랑한 심희수는 이런 약속을 번번이 깨고 밤이면 밤마다 일타홍을 찾았다. 일타홍은 심희수가 자신에게 빠져 있어 공부에 방해가 될까 봐 '과거에 급제한 뒤에 나를 찾으라'는 편지를 두고 집을 나왔다. 이후 심희수는 공부에 더욱 정진해서 21세에 진사시에 급제하고, 25세에 문과에 급제하여 일타홍과 다시 만난다는 내용입니다.

"그 후 사건은 어떻게 진행됩니까?"

안수만 금토원 회장이 궁금한 듯이 말했다.

"그 후 다시 10년이 흘러 심희수는 35세 되던 해에 죄를 얻은 허균의 형 허봉을 두둔하다가 금산錦山군수로 좌천되고, 일타홍은 고향인 금산에서 미미한 병에 걸리더니 고통도 느끼지 않고 스스로 금식하며 죽기 전 다음과 같은 유언을 남겼습니다."

"인생의 생사 장단은 한가지이며 군자에게 은혜와 사랑을 받아 한이 없다. 낭군의 옆에 뼈가 묻혀 지하에서 다시 만나 모시는 게 소원이다."

그리고 시 한 수를 남겼으니 유명한 상월賞月(달구경)이라는 절명시지요. 이때 심희수의 나이가 36세이니 일타홍의 나이는 38세쯤 되었지요.

"유선문 교수님, 왜? 일타홍은 자살했을까요?"

"남편이 정승이 되려면 기생의 처지로 내조하는 것이 도움이 되지 않는다고 생각했기 때문이오."

"그분의 문학 작품이 더 있나요?"

주명희 금토원 상무가 물었다.

"일타홍과 심희수의 시가 새겨져 있는 일타홍의 제단비석 뒷면에 있는 절명 시입니다."

상월(賞月)

맑고 고요한 초승달 또렷하기도 한데
한 줄기 달빛은 천년만년 푸르렀겠지.
넓디넓은 세상에 오늘 밤 달을 보며
백 년의 즐거움과 슬픔 느끼는 이 몇이나 될까.

"조선 선조 때 좌의정까지 지낸 심희수沈喜壽(1548 1622)가 방황하던 무렵 헌신적으로 심희수를 계도하여 청운의 뜻을 이루게 하였다는 일타홍一朶紅이 달구경을 하며 쓴 상월賞月이라는 시입니다."

"유 박사님, 그 후 사실은 어떻게 전개되나요?"

주명희 금토원 상무가 궁금한 듯한 표정으로 물었다.

"심희수는 일타홍의 시신을 손수 염하여 첩을 귀하게 장사하는 예는 없으나 다른 연고를 대어 말미를 얻고 군수직을 사직하고 장례를 치렀습니다. 고향의 선영 안에 장사 지내기 전에 심희수가 일타홍의 시신을 상여수레[車]에 싣고 금강나루에 다다랐을 때 마침 봄비가 내렸다고 합니다. 봄비가 부슬부슬 내려 일타홍의 관을 덮은 붉은 명정이 젖는 모습을 보면서 심희수가 시 한 수를 읊는데, 그 시가 유명한 '이별 눈물[有俥]' 입니다."

이별눈물(有倬)

한 떨기 연꽃은 버들상여에 실려 있는데
향기로운 영혼(香魂)은 어딜 가려 머뭇거리나.
비단강(錦江) 봄비에 붉은 명정(銘旌) 젖어드니
아마도 고운 우리 님 이별 눈물인가 보다."

"셰익스피어의 로미오와 줄리엣의 사랑보다 실감 나게 다가옵니다."

인천 송도에서 일부러 강원도 인제 까지 참석한 김연희 작가는 조용히 듣고만 있다가 일타홍 이야기가 끝나자 진지한 얼굴 모습으로 말했다.

"바로 담덕 민족 학교에서 가르쳐야 할 것도 아름다운 사랑이군요."

김성종 사장이 감탄했다.

"현재에도 그런 훌륭한 기생이 있어야 한단 말인가요?"

권희명 박사 말에 모두가 웃었다.

"김성종 사장님, 현대판 일타홍 친구이야길 해주세요."

김연희 작가 부탁에 김성종 사장이 이어서 그의 친구 이야길 했다.

"현시대에도 내 친구인 이 허수 구청장의 뇌물 사건에 그의 부인이 책임을 지고 관악산에 약을 먹고 자살한 사건이 있었는데 비슷하군요. 다만 일터홍은 심희수 정승의 앞날을 바라고 바친 희생이나, 김옥빈 여사는 남편 이허수 구청장의 뇌물죄를 뒤집어쓰고 자살한 것이 사랑 때문이군요. 그것은 자신이 직접 벼슬길로 나아갈 수는 없었지만, 기상이 크고 호방한 낭군을 만나서 자신은 이루지 못할 꿈을 대신하여 나라에 충성하고 백성들이 편안히 살 수 있도록 해주었으면 하는 일타홍의 바람처럼 이허수가 제헌 의원 아버지 이승헌의 유지를 이어받아 잘 되기를 바라던 김옥빈 여사도 이 같은 마음일 것입니다."

"사랑은 연인을 위하여 베푸는 무한한 자기희생이고 또 상대를 이해하는 서로 간의 존경심이지요." 김연희 작가가 말했다.

조용히 듣고만 있던 신금순 사장은 진지하게 성종에게 물었다.

"그 후 이허수 씨란 사람은 어떻게 되었나요?"

"사실은 이 허수가 김옥빈 여사와 결혼하기 전에 말없이 이허수를 도와주던 술집 출신 김옥희란 여자가 있었습니다."

이허수가 김옥빈과 결혼하기 전 이야기입니다.

"김옥희 도움으로 행정사법 양과에 합격한 이허수는 당시의 관례대로 사법연수원에 들어가게 되었습니다. 오랜 이별 끝에 함께하게 된 둘은 집으로 돌아왔고, 주위 사람들은 김옥희의 뒷바라지 덕분이라며 모든 공을 그녀에게 돌리며 기뻐했으나 옥희의 마음은 한없이 아팠습니다. 그녀는 술집 여인 신분이라 숙명적으로 이름 있는 정치인 집안의 정부인이 될 수 없다고 생각했기 때문입니다."

연인을 장가보내기로 결심을 한 김옥희 씨는 입술을 깨물며 이허수 어머니에게 나직이 말하였다.

"김 여사님! 부탁드릴 말이 있습니다. 다름이 아니오라 이제 아드님에게 마땅한 배필을 얻어주실 때가 되었습니다. 진작 말씀드리지 못한 것은 아드님 출세에 방해가 될 것 같아서였습니다. 저의 소원이니 꼭 들어주세요."

"이 사실을 알게 된 이 허수는 김옥희 외 다른 여인과는 부부의 연을 맺지 않겠다고 고집을 부렸으나, 선비 집안이 아닌 술집여인을 정부인으로 삼는 것은 세상의 웃음거리가 될 뿐이라며 설득하는 옥희 씨의 뜻을 따라 부잣집 김갑수의 딸을 정부인으로 맞이하게 되었지요. 중앙 관청에서 4년 재직 후 이허수는 그의 고향 목포시 부시장으로 발령받았으며 그 후 이허수는 서울에 올라와 구청장에 입후보하여 당선되었고, 그의 처가는 재산이 탄탄하여 가지고 있는 빌딩이나 토지에서 나오는 임대수입만으로도 부유하게 살았습니다. 이허수는 구청장에 당선된 후 인사청탁 비리 죄로 재판에 회부되어 실형을 살 형편에 놓이자 그의 부인 김 옥빈은 남편의 뇌물죄를 뒤집어쓰고 관악산에서 약을 먹고 자살했습니다."

"그 후 소식은 없나요?"

김연희 작가가 궁금해했다.

"이허수를 도와주던 김옥희는 유명한 인생상담 강사가 되어 살아가던 중에 만난 남편은 도박꾼이었습니다. 도박에 중독되어 모든 재산을 팔고 도박을 끊지 못해 스스로 옥희 씨에게 이혼을 요구했고 법적 이혼 후 행방불명이 되었습니다. 이허수는 그 후 김옥희 씨를 다시 만나 재혼하고, 이름도 이 허수에서 이진수로 개명하여, 진짜 물처럼 진실하게 남에게 기쁜 사람이 될 것을 각오하고 봉사하며 살아오면서 바로 자신의 구청장 시절 지냈던 그 지역구에서 헌신적인 봉사로 국회의원에 당선되어 유능한 정치인이 되었습니다."

유 희 봉

1993년 《현대시》등단, 현대시회 동인회장 역임, 《다시올문학》소설등단 시집『여명(黎明)에의 來日』『녹슨 안경을 닦으며』『언어의 꽃 』외. 산문집『행복한 샘물』 시 창작집『시를 써야 미래를 쓴다』소설집『하얀 까마귀』『순례를 떠나는 낙타』예술총연합회상(시 부문)수상, 호서대학 평생교육원 외래 교수, ssammull@naver.com

다시올작가회 · 전망 3집

한쪽으로 보는 세상

초판인쇄 2014년 12월 12일
초판발행 2014년 12월 25일

지은이 | 김경식 외
발행인 | 김영은
디자인 | 박지혜

펴낸곳 | 다시올
출판등록 | 제 310-2007-00028
우편 | 139-050
주소 | 서울 노원구 월계동 382-55(중앙빌 2동 1호)
전화 | 070-7431-5941
팩스 | 031-855-5941
메일 | maxim3515@naver.com

ISBN 978-89-94414-57-7 03810

정가 9,000원

* 이 책의 제작비의 일부는 부천시 문화예술진흥기금을 지원받았습니다.